教育芳华成就
幸福人生

王仕斌 \ 著

中国出版集团 现代出版社

图书在版编目（CIP）数据

教育芳华成就幸福人生 / 王仕斌著. — 北京：现代出版社，2023.10

ISBN 978-7-5231-0541-2

Ⅰ.①教… Ⅱ.①王… Ⅲ.①教育－文集 Ⅳ.①G4-53

中国国家版本馆CIP数据核字（2023）第179005号

教育芳华成就幸福人生

作　　者	王仕斌	
责任编辑	刘全银	
出版发行	现代出版社	
地　　址	北京市安定门外安华里504号	
邮政编码	100011	
电　　话	010-64267325　64245264	
网　　址	www.1980xd.com	
印　　制	北京政采印刷服务有限公司	
开　　本	710mm×1000mm　1/16	
印　　张	12.25	
字　　数	288千字	
版　　次	2023年10月第1版　　2023年10月第1次印刷	
书　　号	ISBN 978-7-5231-0541-2	
定　　价	58.00元	

目 录

第三篇

管理经验——用智慧推动学校的全面发展

第四篇

示范引领——为新时代教育增添新光华

第一篇

全面育人

——让教育为学生的一生奠基

王仕斌语

育人的核心就是爱——对事业的爱，对学生的爱。

深刻领会立德树人内涵
全面提高基础教育质量

党的十八大以来，以习近平同志为核心的党中央高瞻远瞩，把立德树人作为教育的根本任务，提出了一系列重要的教育思想和教育论断，为新时代基础教育发展指明了方向。

一、立德树人的时代意义

（一）立德树人的国家意志

党的十九大明确指出："要全面贯彻党的教育方针，落实立德树人根本任务，发展素质教育，推进教育公平，培养德智体美全面发展的社会主义建设者和接班人。"

（二）立德树人的成效是检验学校一切工作的根本标准

学校要真正做到以文化人、以德育人，不断提高学生思想水平、政治觉悟、道德品质、文化素养，使学生做到明大德、守公德、严私德，要把立德树人内化到学校建设和管理各领域、各方面、各环节，做到以树人为核心，以立德为根本。

（三）落实立德树人根本任务是新时代贯彻党的教育方针的重要体现

2019年6月，中共中央、国务院印发的《关于深化教育教学改革全面提高义务教育质量的意见》强调，落实立德树人根本任务，健全立德树人落实机制。2019年8月，中共中央办公厅、国务院办公厅印发《关于深化新时代学校思想政治理论课改革创新的若干意见》提出："教育是国之大计、党之大计，承担着立德树人的根本任务。思政课是落实立德树人根本任务的关键课程，发挥着不可替代的作用。"强调了思政课在落实立德树人根本任务中的重要作用。

（四）立德树人是当前我国实施爱国主义教育的迫切需求

新时代的爱国主义教育任重而道远。一是经济社会发展中的新矛盾容易引起人们思想波动。二是在意识形态领域，社会主义主流意识形态虽居于主导地位，但我们也要看到西方"普世价值""宪政民主"、新自由主义和历史虚无主义等错误思潮时有泛起，这种现象侵蚀着中小学生。

二、立德树人的内涵

（一）立什么德

站在一个呼唤"以人为本"的时代，中国人当立生命之德、公民之德、中国公民之德、全球公民之德。这是时代赋予中国人的新道德，也是道德教育的新使命。让"世界公民，永远的中国人"进入我们的培育目标，让学生成为"永远的中国人"、优秀的"世界公民"、卓越的"地球村"村民、有担当有作为的"人类命运共同体成员"。

要培养学生成为永远的中国人，成为具有国家意识、民族精神、家国情怀的中国人，要让学生永远记住黄河、长江、万里长城，永远记住唐诗、宋词、元曲、明清小说，永远记住端午的粽子、中秋的月饼、春节的阖家团聚；让学生永远诵读汉字文章，让汉字母语像母亲微笑的脸庞给他们以鼓励、像甜美的乳汁给他们以力量，在乡土、乡音、汉文化中陶冶他们爱的情操、民族的气节。

（二）树什么人

习近平总书记在全国教育大会上指出，培养什么人，是教育的首要问题。我国社会主义教育就是要培养德智体美劳全面发展的社会主义建设者和接班人，成为"担当民族复兴大任的时代新人"。

1. 社会主义事业的建设者和接班人

我国是中国共产党领导的社会主义国家，这就决定了我们的教育必须把培养社会主义建设者和接班人作为根本任务，培养一代又一代拥护中国共产党领导和我国社会主义制度、立志为中国特色社会主义奋斗终身的有用人才。这是教育工作的根本任务，也是教育现代化的方向目标。

2. 德智体美劳全面发展的人

习近平总书记提出了"德智体美劳全面发展"的新表述，从坚定理想信念、厚植爱国主义情怀、加强品德修养、增长知识见识、培养奋斗精神、增强综合素质六个方面阐述了新时代德智体美劳全面发展的具体表现。

3. 担当民族复兴大任的时代新人

党的十九大报告首次提出了"担当民族复兴大任的时代新人"的表述，这是中国特色社会主义进入新时代对社会主义建设者和接班人的新要求，是新时代实现中华民族伟大复兴对教育培养人的新要求。时代新人应该有理想、有本领、有担当，具有奋斗精神、实干精神、创新精神，是新时代的奋进者、开拓者、奉献者。

三、如何提高教育质量

质量是教育的生命线。不同历史阶段，质量的内涵不同，目标任务也不同。今天，在全球教育竞争日趋激烈和全面建成小康社会的时代背景下，教育要发挥好关键支撑作用，需要努力实现更加全面、更有效益、更加公平、更富活力、更有贡献力、更有竞争力的质量。

（一）构建"五育并举"的课程体系

全面落实"双减"，坚持"五育并举"，深入推进素质教育，促进学生全面发展；以素质教育为突破口，推进均衡教育、品牌教育、开放教育，形成具有特色、富有生机的素质教育工作新格局。

1. 创新载体抓德育

落实学校主阵地，加强师德建设、信仰教育、校园文化建设、社会实践，推动全面育人；加强心理健康教育师资队伍建设，做好学生心理健康教育，实现心理育人；密切家校联系，促进家校合作，整合社会资源，形成政府、家庭、学校、社会"四位一体"联动的德育工作体系。

2. 优化质量抓智育

健全国家、地方和校本三级课程管理，进一步完善课程体系建设；落实"立德树人"要求，构建基于核心素养背景下的课堂教学改革，提升学生动手和解决问题的能力。

3. 科学规范抓体育

加大体育专业师资队伍建设，改进体育教学；丰富竞赛活动，办好足球学校；将学生参加体育活动及体能健康状况纳入学生综合素质评价，建立健康档案。

4. 贴近生活抓美育

开发地域特色艺术教育课程，让每个学生至少学习掌握一项艺术特长；创新学校美育教育教学方式，开展丰富多彩活动，搭建梦想舞台，展示个性风采。

5. 以人为本抓劳育

丰富劳动形式，培养学生劳动技能，养成学生劳动习惯；开足开好综合实践活动课程，积极组织学生参与校园卫生保洁和绿化美化等活动；整合校外资源，拓宽实践途径，充分创造条件，打造劳动技术教育类的实践基地。

（二）建设科学的评价、监测体系

要深化教育体制改革，健全立德树人落实机制，扭转不科学的教育评价导向，坚决克服唯分数、唯升学、唯文凭、唯论文、唯"帽子"的顽瘴痼疾，从根本上解决教育评价指挥棒问题。

1. 建立以发展素质教育为导向的评价体系

把立德树人成效作为检验学校一切工作的根本标准，引导树立正确的教育政绩观、科学的教育质量观，克服"唯分数""唯升学"倾向。

2. 明确评价目标

评价要关注以下德育目标的达成：教育和引导学生热爱中国共产党、热爱祖国、热爱人民，爱亲敬长、爱集体、爱家乡，了解家乡发展变化和国家历史常识，了解中华优秀传统文化和党的光荣革命传统，理解日常生活的道德规范和文明礼貌，形成规则意识和民主法治观念，养成良好生活和行为习惯，具备保护生态环境的意识，形成诚实守信、友爱宽容、自尊自律、乐观向上等良好品质。

道德是人类的最高目的，教育事业首先是道德的事业。今天的教育改革、课程改革，如果不以德育为先，而只在知识、能力、技术、工具上下功夫，那么肯定是丢弃了那"万年根"，即使"千年古树"长得再高，也会虚空。道德教育，是培根护本；提高质量，是强本固基。

五大发展理念引领高品质学校建设

党的十八届五中全会、十九大报告强调，全面建成小康社会、实现两个一百年奋斗目标，坚持"创新、协调、绿色、开放、共享"五大发展理念，是管全局、管根本、管长远的导向，具有战略性、纲领性、引领性。五大发展理念深刻揭示了学校实现更高质量、更有效率、更加公平、更可持续发展的必由之路，为教育发展提供了科学指南和根本遵循。

在高品质学校建设的发展阶段，"创新、协调、绿色、开放、共享"是教育事业发展做出的必然选择。实现教育的创新发展、协调发展、绿色发展、开放发展和共享发展是学校高品质建设需要明确的新发展样态。

一、创新：激发师生活力

习近平总书记指出，抓住了创新，就抓住了牵动经济社会发展全局的"牛鼻子"。创新是高品质学校发展建设的第一动力，发展动力决定发展速度、效能、可持续性。创新是方向、是钥匙，树立创新发展理念，就必须把创新摆在教育发展全局的核心位置，不断推进理论创新、制度创新、科技创新、文化创新等各方面创新，让创新贯穿学校教育事业一切工作，让创新在高品质学校发展中蔚然成风。只有创新才能引领学校发展中遇到的问题，从而突破、破解难题，实现教育质量和效益的飞跃。

（一）将培养21世纪创新人才作为高品质学校建设的根本目标

推动教育变革和创新，构建网络化、数字化、个性化、终身化的教育体系，建设"人人皆学、处处能学、时时可学"的学习型社会，培养大批创新人才，是人类共同面临的重大课题。教育的创新发展需要抓住培养创新人才这一根本。

（二）创新学习方式、教学方式，助推学校品质提升

教育信息化是时代发展的要求，也是时代发展的必然，广泛应用科技力量，全面提升教师信息技术应用能力和水平，充分发挥现代信息技术在教育教学中的重要作用，以信息化带动教育现代化，将现代信息技术充分应用到课堂教学当

中，促进信息技术与学科融合，创新学习方式，转变教学方式，以信息化手段来推动教育改革，提升课堂教育质量，助推学校品质提升。

（三）创新学校体制机制改革，激发教师活力

要深化办学体制、管理体制、经费投入体制、考试招生及就业制度等方面的改革，深化学校内部管理制度、人事薪酬制度、教学管理制度等方面的改革，深化人才培养模式、教学内容及方式方法等方面的改革，使各级各类教育更加符合教育规律、更加符合人才成长规律。创新学校体制机制改革、激发教师创新活力是教育创新发展的关键，将会极大地促进教育创新。

二、协调：促进教育优质均衡

协调是理顺发展中各种重要关系的依循，是学校持续健康发展的内在要求。

协调更注重发展机会公平、更注重资源配置均衡。在高品质学校的建设中，要全面统筹兼顾，掌握学校发展内部的不均衡，教师专业发展之间的不均衡，班级之间、学生之间发展的不均衡，班级资源分配不均等问题，找出短板，在补齐短板上多用力，通过补齐短板挖掘发展潜力、增强发展后劲，从而解决在发展中遇到的内外矛盾。

（一）不断健全教育协调发展的统筹机制

教育协调发展需要对各级各类教育、区域之间的教育、城乡之间的教育、学校与学校之间的教育进行统筹谋划，需要统筹公办教育与民办教育的协调发展，需要对学校教育、家庭教育、社会教育进行协同。

（二）促进学校间的优质均衡发展

在促进城乡教育、不同区域教育协调发展的进程中，在办学条件、师资水平、办学环境等方面学校之间有较大差距。要大力推进基础教育的均衡发展，缩小教育差距，构建城乡、区域和学校间优质均衡的发展体系。一方面要加大对农村地区、民族地区、贫困地区职业教育支持力度；另一方面要重视县级区域间的学校均衡发展问题。

加强学前教育、高中教育、职业教育，实现各级各类教育的协调发展。倡导民办公助、公办民助、公办民管、公民共办等多种办学形式为民办教育提供路径选择，促进公办教育、民办教育协调发展。

（三）建立学校、家庭、社会的良好协同关系

2016年9月9日，习近平总书记在北京市八一学校考察时强调，"基础教育是全社会的事业，需要学校、家庭、社会密切配合。学校要担负主体责任，对学生负责，对学生家庭负责。家长要尊重学校教育安排，尊敬老师创造发挥，配合学校搞好孩子的学习教育，同时要培养良好家风，给孩子以示范引导。各相关单位特别是宣传、文化、科技、体育机构要积极为学生了解社会、参与实践、锻炼提高提供条件"。明确学校、家庭、社会的责任，使学校、家庭、社会密切合作，协同便成为教育协调发展的一条不可变更的基本要义。

三、绿色：提升教育幸福品质

抓住机遇和育人本质，全面提升绿色教育质量，为孩子终身发展和幸福人生奠基。注重"绿色学校"的设置、发展基调、价值取向。

（一）提升文化核心竞争力，实现减负高效

着力教学文化、学习文化的构建等教育环境的设置，夯实教育内容的安排，注重人与自然的关系，保持对教育生态的追求。走校本研修、提升教师素养、注重学生习惯培养、注重课堂效率等内涵发展之路。以特色文化建设为抓手，发挥文化核心竞争力，实现减负高效，追求绿色质量。

（二）抓住育人本质，系统构建学校科学教育体系

"立德树人，全面而有特长"是我们要培养的目标，让学生具有好的政治思想素质；好的身体和心理素质；好的独立生活能力、语言表达能力、团结协作能力、社交展示能力、创新实践能力；具有积极进取、奋发向上、不甘落后、永不言败的顽强意志。在抓住育人本质的前提下，在目标导航、思想引领、制度规范、精神激励、人文关怀、环境熏陶的管理策略下，在追求教育理想的征程上，通过构建并实施科学育人体系，精细常规管理，不断提高标杆，实现管理创新，学校一定会高质量发展。

（三）改变学生主体的状态，全面提升学校绿色教育质量

学生作为教育主体，其状态决定着他们学习的有效性，体现着教师工作的业绩，表明学生接受教育的程度，直接决定着学校的教育质量，关乎着师生家长的幸福程度。

我们要改变学生状态，提升绿色教育质量，实现这样的教育结果：学生主动学习意识强，做事认真、学习高效，学习能力强（包括自学、思维、语言表达、心理承受、沟通协调），学生的知识面广，全面发展有特长，心态自信而阳光，学生作业量比较适中，校外补课基本没有，睡眠时间充足。

四、开放：让教育包容自信

开放是国家繁荣发展的必由之路，是办学格局、办学理念的体现。党的十八大报告指出："人类只有一个地球，各国共处一个世界。""坚持以开放促改革、促发展"是《国家中长期教育改革和发展规划纲要（2010年—2020年）》就教育对外开放事业进行的基本定位。开放教育，正成为青少年学生成长的阳光雨露。

开放的教育，是心流频现的过程，它突破空间界限、突破时间节点、突破人物设定、突破思维定式……

（一）营造宽松的教学育人环境

开放的教育培养学生的自信、自主、自立精神，闭守的教育培养学生的严格、严密、严谨精神。从发展创新能力的角度来看，我国学生容易因害怕出错而固守规范，不敢越雷池一步。思维缜密可以成为创新的有利因素，但也可能成为束缚创造性思维的障碍。教学资源、课堂环境的开放，让学生身心得到释放，学生只有在无拘束的条件下学习，个性才能得到张扬，多元智能才能得到充分发展，创造力才能得到开发。

（二）建立师生学习的"伙伴"关系

师生关系的开放，教师把学生看作学习的"伙伴"，无疑是新课程改革对新时代新型师生关系最集中、最精辟、最典型的认识与概括。它以全新的视角来解读与阐释新时代这种新型师生关系的内涵，教师与学生之间的关系是民主的、平等的，是相互依存与相互促进的，当然也是和谐融洽与协同发展的。应该说，把教师视为学生学习的伙伴，这是新课程改革的一种观念创新，因此值得我们称道与重视。

（三）家校开放合作共育英才

学生的成长，需要家长的陪伴；老师的工作，需要家长的配合。家校密切合作，方能共育英才。在学习的过程中，学生、教师、家长不仅仅是学习的生成者和受益者，更有可能是学习的创造者，让家长走进校园，开展家长课堂等，为进一步促进学校和家长之间的沟通交流奠定了良好的基础，对学生的发展起到了积极的促进作用。

五、共享：增强人民获得感

共享是中国特色社会主义的本质要求。习近平总书记指出，中国人民"期盼有更好的教育"；要"让贫困地区每一个孩子都能接受良好的教育"，"要推进教育精准脱贫，重点帮助贫困人口子女接受教育，阻断贫困代际传递，让每一个孩子都对自己有信心，对未来有希望"，要"努力让每个人都有人生出彩的机会"。树立共享发展理念，坚持发展为了人民、发展依靠人民、发展成果由人民共享，使全体人民在共建共享发展中有更多获得感，增强发展动力，增进人民团结，朝着共同富裕方向稳步前进。

分享、交流、共生、共赢是"人类命运共同体"的基础理念和基础建设，促进优势群体、弱势群体差距缩短。教育是公平正义的维护和保证，建立相互倾听的互学关系，让学生、老师、家长、社会成为学习成长共同体、发展共同体。

（一）建立生生学习共同体、师生学习共同体、家校共同体

建立以相互倾听的互学关系，以平等协同的关系取代"孤立竞争"的关系，让同学真正成为"同学"，进而解放学生的学习力，创建开放、共享的课堂文化。

教师、家长、学生彼此产生作用，形成学习共同体，他们之间是合作的、互惠的、相互促进的关系，而不是对抗的或相互隔离的关系；彼此之间的对话合作是共享知识、共享经验、共享智慧、共享生活意义和生命价值的过程，能让我们的教育走出困境，走向新的高度，共同发展。

老师改革课程，学生也可以通过自己的理解改革课程，家长通过参与其中，推动课程的改革与变化；学员之间的化学反应，让学习的过程升级迭代甚至创新形成新的学习内容与课程，并使之成型，这使得原本只是学习者的学生及其家长，因为共创，转身成了创造者。

（二）构建学校与社会共同体

实现教育事业发展的人人共建与共享，学校加强教育信息化建设，充分利用现代信息技术手段，将优质教育资源平台化、网络化、快捷化，以实现最大程度的共享。

学校教育不仅是适应人的个性发展的必然要求，而且是适应社会对人才多样化需求、满足人民群众对教育多样化需求的必然选择。为社会提供人人共享的教育是为不同特点的人、不同需求的人、不同特长的人提供适合的、适性的教育，让学校教育深入社区、深入基层，了解社会，构筑起促进人人健康成长成才的"立交桥"，以提升社会对教育的认同感和获得感。

"教育，不是把花瓶填满，而是把火把点燃。"教育事业要以立德树人为使命，以发展为根本，以创新为核心，以共享为目标，以协调、绿色、开放为实现目标，牢固树立和自觉践行"新发展理念"，推动高品质学校又好又快建设。

（此文发表于《教育科学论坛》2020年第14期）

通达生命的精彩

——达州市通川区第七小学高品质教育的思考与实践

基础教育要培养面向未来的人。为学生提供什么样的基础教育，取决于他们面对的未来是什么样的。达州市通川区第七小学（简称"通川区七小"）校长王仕斌认为，在未来的社会，比起知识本身，学生能够博采众长，具备将知识融会贯通的能力更为重要。受到"知类通达，强立而不反，谓之大成"（《礼记·学记》）的启发，他带领全体教职员工创建了极具特色的"通达教育"，为学生生命的蓬勃生长创造条件。

一、"融"文化：营造蓬勃生长环境

"文化是高层次的教育，它不是语言，却胜过语言。"这是王仕斌在长期办学实践中的感悟。他珍视学校历经百年所积淀的深厚文化底蕴，并在此基础上梳理出了一系列具有校本特色的文化要素，形成了"适合孩子发展，适应环境变化，适应时代变迁"的、以"融"为主要特征的校园文化。

（一）文化融合

"融会贯通"是中国文化的一个鲜明特征，也是个人适应社会发展的必备素质。通川区七小始终以"人本"作为学校文化的出发点和归属点，强调文化育人，关注师生的和谐发展和生命的蓬勃生长，努力让孩子们在知识的海洋里博采众长，融会贯通，从而形成"做人求德、学问求真、交往求诚、行事求活"的素养，为孩子们将来"集大成，得智慧"，培养创新素养与人文素养兼备的国家公民奠定基础。围绕"融会贯通"，王仕斌校长带领全校师生对校园环境精心设计，将西方文化、中国传统文化及现当代文化、地方文化以现代化的表达手法融入校内建筑与各学科功能室的环境创设中，多角度、多层次的文化融合为师生生命的蓬勃生长打下了亮丽的人生底色。

（二）关系融洽

融洽的家校关系、师生关系、生生关系既是通川区七小校园"融"文化的基石，又是校园"融"文化的核心内容。只有在融洽和谐的教育氛围里，大家相互尊重、信任，彼此理解、包容，教育的初心方能有始有终。在家校关系方面，学校整合教育资源，通过打造新型的"家校互动坊""班级家长群""家长讲堂"，为家长提供"订单式"培训和服务，让他们成为学校教育教学的"督导"。有了家长的理解、支持与配合，学校对孩子们的教育培养变得更加全面、细致。在师生关系方面，学校要求教师不论课上课下、校内校外，都将尊重学生人格、个性和情感放在首位，主动与学生交流沟通，正确处理师生矛盾，用言传身教传递爱心，影响学生。在生生关系方面，除了通过主题活动帮助学生克服同伴交往中的认知偏见、掌握人际交往技巧外，学校还利用课外活动时间，以游戏化、情境化的形式帮助学生学习礼仪规范，增加、巩固人际交往技巧。

二、"博"课程：奠定蓬勃生长基石

"博采众长"是学校通达教育的核心主旨。在王仕斌"用课程的设置诠释学校的育人内涵，用课程的研发带动教师的专业成长，让课程的实施成全孩子的幸福人生"的课程理念引领下，融合多学科内容的"博"课程应运而生。

经过几年的教育实践与反复打磨，"博"课程体系逐渐形成了"修德、健康、文化、启智、艺馨、博闻"几大板块，涵盖"主题式融合课程""教师发展特色课程""社团活动课程""少先队活动课程""第三方资源课程"五大系列、三十二门课程。每门课程都有具体的实施方案和评价标准，并根据课程特色设定教学时长。"博"课程在广阔的领域里让孩子们"选我所爱，博采众长"。

（一）德育校本课程

德育校本课程的主导价值在于通过课程展示学校育人的宗旨和教育特色，在于培养学生良好的行为习惯和道德品质，在于培养学生浓厚的学习兴趣，促进学校教育高质量发展。通川区七小根据地域特点和学生个性特点，紧紧围绕"为学生将来的生存和发展奠基"的德育课程育人宗旨，开发并实施了"达州红色文化""小故事讲出大道理""中国传统节日文化""感恩的心"等德育校本课程，为凸显德育的首要地位、提升学校办学质量保驾护航。

（二）体育校本课程

健康是人生的第一财富，在"健康第一"的指导思想下，通川区七小以"学生的身心发展为本"，冲破旧的体育课程体系，对体育人力资源、体育设施资源、体育教学的内容和形式进行了全方位的改进和整合，形成了"花样篮球""快乐足球""极速田径""武术太极""飞扬啦啦操"等体育校本课程。这些课程的设置和实施有助于学生个性化发展，有助于体育教师的专业成长，为学校的特色创建描上了闪亮的一笔。

（三）科技教育校本课程

通川区七小把科技教育活动纳入学校课程体系，面向全体学生，普及科学知识、科学思想、科学方法，培养学生创新精神和实践能力。特别是"创意机器人"校本课程，开设至今，成绩斐然。学生参加全国、全省机器人大赛屡获佳绩，先后5次获全省冠军，200多人获全国、全省机器人竞赛一等奖。

（四）国际数棋校本课程

2008年，通川区七小就将有"不用纸笔的四则运算"之美誉的"国际数棋"纳入学校课程体系。学生通过参加"国际数棋"活动，既培养了学科学、爱科学的兴趣，又开发了智力，训练了思维，增强了创新意识。学校国际数棋社团的学生们和指导老师曾荣获首届国际数棋邀请赛全国一等奖和最佳智囊团奖。

（五）诗文诵读校本课程

诗文诵读活动以班级为单位，以中华传统诗词经典为内容，根据学生不同年龄段学习心理特征，采取课外诵读、教师带读、学生齐读、优生领读、自由对读、亲子阅读等多种形式，让学生在晨读、午诵、暮省中浸润于经典作品的熏陶中，吸取精华，丰厚学养。

除此之外，通川区七小还将艺术与语文课程相结合，形成古诗词吟唱、戏剧表演等课程；把陶艺教学和美术教学中的手工、泥塑、面塑、雕塑、儿童画等课程相整合，开发了陶艺校本课程。学校开展的"音乐联想绘画"课程，引导学生张开想象的翅膀，用画笔来描绘音乐，用音乐来解读画面，为提升孩子们的艺术修为和培养孩子们的审美素养独辟蹊径，成效显著。

三、"达"评价：激发蓬勃生长动力

王仕斌常对大家讲："每个孩子都很棒，只是棒得不一样。"他认为，评价不是目的，而是一种促进学生基于自身条件选择最佳路径谋求发展的途径。目前，在注重评价内容、评价主体、评价形式多元化的思想基础上，以展示性评价为主、赏识性评价为辅的"达"评价体系正在通川区七小的教育活动中发挥着越来越重要的导向作用。

（一）争做"校园达人"

学生的能力和素质需要表达，展示是最好的表达与评价。学校以竞技碟杯、机器人、巴渠童谣、四川盘子、巴人文化、国际数棋、剪纸、扎染、围棋、书法、足球等多个学生社团为依托，通过定期组织学习实践活动，开展各种竞赛、展演，为学生搭建展示平台，帮助他们逐渐明确自己的发展方向。在学校，有越来越多的孩子通过展演、比赛等形式，成为闪耀全校的"校园达人"。

（二）争当"九星少年"

王仕斌关注每一个学生，他提倡"用多把尺子量学生"，让每个学生都能体验到成长的快乐，感受到努力后获得成功的喜悦。学校从文化素养、特长发展、品德养成、集体意识等几个维度出发，分别针对集体和个人展开评价。在集体层面，学校每学期都会以班级、少先队中队、社团等为单位考查该集体各方面情况，从而评选出"五星级""四星级""三星级"班集体、少先队中队和社团；在个人层面，学校通过评选"九星少年"，即学习之星、进步之星、科技之星、团结之星、艺体之星、劳动之星、守纪之星、助人为乐之星、孝亲敬长之星，对学生给予肯定与激励，使他们更加自信地成长。

（三）"自己与自己比"

每一个生命都是一个独立的个体，而每一个独立的个体都有其各自的芳华。王仕斌常常提醒教师、家长要细心发现学生的长处，耐心引导学生的成长，静心等待学生的进步。他也常常提醒学生"今天的自己与昨天的自己比一比""今年的自己与去年的自己比一比"。在这种评价理念的影响下，教师和家长越来越能够正确对待孩子在成长中的点滴进步，理性对待孩子成长中出现的问题，学生也变得更加阳光快乐。

在王仕斌的带领下，通川区七小先后获得了全国和谐校园先进集体、首批全国文明校园、全国文明单位、全国科研兴教先进单位、全国艺术教育先进单位等100多项荣誉称号。学校将继续立足现实，着眼未来，感知各种生命的呼吸和脉搏，让精神自由生长，让灵魂自主发育，让生命蓬勃向上。

激发生命的活力

——高品质学校之课堂教学探析

　　卓越的教育需要高品质学校为载体，高品质学校更需要有充满生命活力的课堂来呈现。因为课堂教学对学生成长有最广泛、最深入、最持久的影响，是建设高品质学校"内涵中的内涵"。

　　要认清与理解课堂教学，就需要我们由远观到近视并体验课堂。因此，只有去除课堂教学的神秘，躲开课堂教学的喧嚣，才可能慢慢地恢复课堂教学的理性，静心思考支撑课堂教学的内在机制，进而寻找到变革课堂教学的方法，探索出能激发生命活力的课堂教学策略。

一、高品质学校之课堂教学内涵及意义

（一）内涵解读

1. 课堂教学溯源

　　古代学校的班级设置，是纵向混合班。古代教育的授课方式，分这样几个步骤：授书—背书—复讲。到了17世纪，首次提出了以"感知—记忆—理解—判断"为程序结构的课堂教学模式。

　　中国采用班级教学最早的雏形，是始于同治元年（1862）清朝政府在北京开办的京师同文馆。20世纪初废科举、兴学校以后，逐步在全国采用班级课堂教学的组织形式。

2. 课堂教学充满生命活力的具体特质

　　"活"的核心实质追求是学生主体思维活跃程度高。课堂的学习主体理应是学生。课堂上学生思维的活跃程度取决于教师的教育理念、教学艺术、驾驭教材能力和与学生合作学习的能力。"力"的关键在于选准着力点，就是要弄清课堂教学的具体特质并找准激发生命活力的突破口和关键点。

　　开课要有吸引力——现实性，趣味性，挑战性。

启发要有穿透力——启情、启智、启能，激发兴趣点、兴奋点、生长点。

探究要有思维力——探究的内容新颖，方法灵活，问题有趣；丰富直觉思维，发展逻辑思维，鼓励批判思维。

互动要有向心力——强调"三动"，动手、动口、动脑；营造民主的氛围，培养积极的心态，树立向上的意识，打造竞争的格局。

表达要有亲和力——言之有情，言之有物，言之有理。

练习要有驱动力——体验性、趣味性、实践性。

结尾要有扩张力——留着激情，留着思想，留着悬念。

（二）课堂教学的现实意义

"学生是学习的主人，课堂教学应激发学生的学习兴趣，为学生创设良好的自主学习情境，尊重学生个体差异，鼓励学生选择适合自己的学习方式。"可见，教师必须树立"以学生发展为本"的思想，在课堂教学中转变学生的学习方式，创造有利于学生主动求知的学习环境，大胆放手，让学生主动探知，做学习的主人。

1. 创一个"和谐"环境

和谐的课堂氛围犹如肥沃的土地，知识的种子撒播在这样的土壤中，才会更好地生根、发芽、开花、结果。因此，在课堂教学中，我们要积极创设和谐的教学环境，只有在民主和谐的氛围中，学生才能尽情地张扬个性，师与生、生与生才能展开全方位的心灵碰撞。

2. 搭一个"对话"平台

平等的对话有利于革除教师中心主义和管理主义倾向，把学习的空间让给学生，以开放的心态把大量的课堂时间留给学生，通过探索性的学习活动，开阔思路，相互撞击思维的火花，使每个学生都感受到自主的尊严，感受到独特的存在，感受到心灵自我成长的愉悦，并逐渐生成自己个性化的理解和独特的追求。

3. 建一个"合作"舞台

师生之间的平等交往或角色互换，既能发挥教师的指导、示范作用，又能提高学生的参与度与责任心。因此，教师要积极引导学生投入自主探索的学习活动中，改变传统单一的交流形式，变"双向交流"为"多向交流"，使不同见解、不同观点相互碰撞，从而实现个人与他人、小组与全班的教学互动。

4. 设一个"探索"空间

在教学中，教师要变知识的传授者为教学活动的组织者、指导者、参与者，为学生提供充足的探索空间，为每个学生搭建五彩缤纷的舞台，让他们享受热爱的、沸腾的、多姿多彩的课堂生活，以促使孩子们丰富多彩的个性淋漓尽致地展现，健康的人格得到和谐、全面的发展。

二、高品质学校之课堂教学价值取向和原则

（一）价值追求

1. 生活性

课堂教学生活化，即通过创设的情境使学生通过活动性的学习达到知与行的完美结合。这种情境一定是学生熟悉的、感兴趣的，或一个故事，或一次活动，再或是学生生活中的蔬菜果品、玩具，等等。

学习知识的获得是源于生活情境的学习，基于日常生活的学习。让我们从另一个视角来解读学习吧，不要把学习仅仅理解为狭隘的课堂说教，放归学习，给学习一个宽广的空间，让源于生活情境的学习在教学中立足，让每一个孩子在生活中生动发展，让每一个学生在源自生活的学习中迸发活力。

2. 发展性

在基础教育课程改革的大背景下，基础教育的重心发生了转移，情感态度价值观成为重要的教育目标，其指向在于改变过去以教师为中心、以知识为本位的课堂教学过程。

通过课堂教学促进学生发展，培养学生创新精神和实践能力，促进教师提高教学水平，改进教学实践，其核心是促进师生交往互动，共同发展。

3. 生命性

教育是培育生命的事业，教学不仅仅是单一的认知活动，更是生命发展的活动。叶澜教授指出："课堂教学应被看作师生人生中一段重要的生命经历，是他们生命有意义的构成部分。"因此，从某种意义上说，只要教师在课堂上能够真正尊重学生生命的独立品性，呵护学生生命的成长过程，倾听学生生命的自由感悟，共享学生生命的真实体验，便不难营造出一个充满生命活力的课堂。

（二）指导原则

我们必须始终坚持以学习者为中心。为不同层次、不同类型的受教育者提供个性化、多样化、高质量的教育服务，促进学习者主动学习、释放潜能、全面发展。

1. 以生为本

一切从学生需求出发。我们做任何工作都必须考虑学生喜欢不喜欢，愿意不愿意，拥护不拥护，答应不答应，发展不发展，这是教育工作的出发点。新课堂的"预习"和"展示"两个环节就体现着以人为本的教育观念。

2. 素养提升

我们必须把课堂作为教育的主战场，不能离开课堂谈素养提升。离开课堂谈

素养提升，其实就是把掌握知识与能力提高、品质的培养、健全人格的构建割裂开来。我们搞课堂教学改革，必须寻求在课堂提升素养的正确途径。

3. 为学服务

过去的填鸭式的"满堂灌"的教学方法已经不能满足全体学生全面发展的需要。我们必须建立教是为学服务的理念，所有的教必须服从服务于学，构建一个以学为中心的课堂行动模式。

三、高品质学校之课堂教学创新策略

策略是从观念走向行动、从理论走向实践的路径和方法。高品质学校的课堂教学策略，就是在实施过程中坚持与时俱进，创新运用教育学和心理学原理，根据课堂教学特点及其变化而制定的行动方针和活动方式。

（一）课堂教学模式创新策略

传统课堂教学的基本模式是"灌输—接受"，学生处于被动状态；品质学校之课堂教学采用"生本"新理念，课堂上学生自主学习、合作探究、踊跃发言，谈感想、谈收获，学生在"听中学""看中学""想中学""议中学""演中学"，突出了"以学生为中心"，学生真正成了课堂的主人，在交流中实现了"生生互动，师生互动"，使学生处于主动状态，生命的活力得以激发和绽放。

（1）将学习的决定权从教师转移给学生。教师不再完全占用课堂的时间来讲授信息，这些信息需要学生自主完成学习，他们可以看视频讲座、阅读电子书，还能在网络上与别的同学讨论，能在任何时候去查阅需要的材料，教师也能有更多的时间与每个人交流。

流程略示：课前教师精心设计导学案；课堂上师生共同完成疑难突破，并将课堂内容拓展、延伸、及时对学习内容、学习方法和学习思维进行总结；课后分层巩固提升。

（2）以问题为载体，以思维为核心，使教学过程变为围绕问题而进行的一种积极的思维活动、更好的整合课堂，提高学生参与度。

流程略示：课前，让学生带着问题预习；课中，师生、生生共同解决问题，以学代教，以思代讲；课程最后，学以致用，当堂检测。

（3）发挥教师主导作用，引导学生学会学习，乐于学习。

流程略示：分组预习并就自学情况组内互评；课堂组内自学互助，教师巡视指导；分组依次展示知识点、解题关键点、易错点并总结规律，学生、教师提出疑问或给予解答；教师对课堂内容予以拓展和拔高并对学生当堂批阅点评。

（4）凸显学生课堂学习主体地位。教师引导学生主动获取知识，培养学生自主学习的能力和学习的兴趣，激发学生学习的激情。

流程略示：课前布置具体预习内容；课堂组织学生自学交流，提出问题并尽量自主解决问题，教师用最多10分钟时间讲较难的共性问题；设计相应的课堂检测，再次对难点问题加强学生记忆和理解，增强学生的获得感和成就感。

（二）课堂教学设计创新策略

陶行知先生说："处处是创造之地，天天是创造之时，人人是创造之人。"教学设计是教师的一种创新活动，也是一种思维和实践活动。在教学中，教师可以大胆弃用常规教学法，设计课堂活动，创设情境，充分调动学生，唤起学生的需求，激活学生所必需的生活体验，让学生充分展示自己，成为学习的主人。

教师需要遵循以下原则：

一是注意体现变化性。要么把现有的素材加以组合，要么把现有的素材加以分解，要么把素材相同的东西重新组合，要么根据有关素材进行类推等，构成与目前存在形式不同的新事物、新思想和新方法。

二是要体现新颖性。须知，只是变化而不新颖不能称其为创新。不墨守成规，勇于破旧立新，追求前所未有的成果，这是创新的重要特征。

三是要突出实用性。只是新颖也不一定就是创新，创新必须有价值。创新的价值就是使创造出的新事物更加适合某种欲望和目的。

教学设计创新策略如下。

1. 运用多种手段，激发思维

教师在创新教学设计时，要注意运用多种教学手段，让学生不仅有切身感受，同时要引发他们的好奇心，活跃课堂气氛，激发课堂活力，锻炼学生。

（1）将微课融入教学设计，如依托互联网、微博，设立专题，定期讲解或答疑；还可以通过短信、微信等群发功能，引导学生交流学习；此外，录制微视频，让学生观看学习。

（2）将思维导图引进教学设计。在课堂上用思维导图授课，教会学生"如何学习"和"如何思维"，提高学生的学习能力与思维能力，可以创造性地解决学生整体架构和梳理知识体系的问题。

2. 打破常规，培养创新精神

（1）在一节课或一个主题的教学设计上，从不同角度有序地安排几"块"教学内容或教学活动，步步为营，有序延展，形成一个新颖明晰的教学设计。

（2）结合内容，找到一个中心或关键问题来设计课堂教学，从而有效简化教学头绪，体现出一种高屋建瓴的设计风格。

3. 寻找新途径，注重细节

课堂设计是由一个个细节来呈现的。把握课堂细节，便有了一份精彩、一份生命的律动。这些细节在深挖教材中体现，在了解学生中用心，在课堂探究中生成，在巧妙评价中升华。

（三）课堂教学方法创新策略

课堂教学的创新是实施创新教育的主渠道。而课堂教学一般由教师、学生、教学目标、教学内容和教学方法等因素组成，其中教学方法是桥梁和纽带，合适的教学方法对于教师如何完成教学内容，实现教学目标，发挥学生主体作用，调动学生学习的主动性、积极性，启发学生的创新思维，起着至关重要的作用。

1. 新课导入创新

借助多媒体，新课导入创新。随着多媒体技术的出现，新课导入借助图形、图像、文本、声音、动画等多媒体进行创新，让课堂教学发生了极大的改变，如歌曲导入、绘本导入、影视片段导入、动画导入、故事导入等。

2. 课堂提问创新

在课堂教学中创新提问，可以激活学生思维，将以教师为主体的"讲堂"变为以学生为主体的"学堂"，可充分培养学生的主人意识，发挥学生的主体作用。

（1）于激思处提问。"问渠那得清如许？为有源头活水来。"源头活水的获得关键在于激活思维。恩格斯曾说："思维是地球上最美丽的花朵。"教师在课堂上调动一切教学手段，激活思维，使学生的思维处于积极状态，就会绽放出充满活力的思维之花。

（2）于新奇处提问。亚里士多德曾说："思维从问题、惊讶开始。"在教学过程中，在学生学习新课、获取新知识的时候，适时、恰当地提出让学生感兴趣、新奇的问题，会使学生的思维被激活，并迅速进入角色而积极思考。

（3）于无疑处提问。宋代学者张之厚认为："于无疑处生疑，方是进矣。"学生有"疑"才能产生认知冲突，从而产生强烈的求知欲望。这就要求教师深钻教材，善于创新提问，以激活学生思维。

（4）于比较处提问。有比较才有鉴别，教师于比较处提问，可使学生比较清楚地把握同类事物的异同，提高他们的辨别能力，还可以多层次、多角度地训练学生对事物由表及里、由此及彼的分析归纳问题的思维能力和鉴赏能力，开阔学生的视野，实现知识的迁移和转化。

3. 课堂作业练习创新

作业练习是巩固知识，训练思维能力的有效手段。

（1）教师提供"作业超市"，让学生自主选择练习。

（2）作业练习以游戏的形式出现，层层递进闯关。

（3）抽奖套餐作业。将一些拓展性题目装箱放在教室显眼处，表现好或成绩好的学生才有机会抽取，然后针对完成情况进行奖励。

（4）画知识树。鼓励学生尝试画一个单元、整本书、小学整门学科的知识树，完善并建构学生的知识体系，学生画制的知识树，张贴在校园或班级显眼处，构成一道亮丽的文化风景线。

（四）课堂教学评价创新策略

清代教育家颜元先生说："教子十过，不如奖子一长。"传统的课堂教学评价偏重于教师评价，须知，评价并非教师个人的专利，同样也是学生的权利。

1. 评价的原则

（1）以鼓励为主。一句表扬的话，一片热情的掌声，甚至一个肯定的眼神，对学生都是一种激励。

（2）有真情实感。"感人心者，莫先乎情。"评价要带着感情，即用简短、恰当的措辞，热情地给予褒奖，防止语言苍白无力。

（3）要关注全程。"评价是与教学过程并行的同等重要的事情。"评价要贯穿课堂教学的每一个环节，全面关注学生的知识与技能、过程与方法、情感与态度等各个方面。

2. 教学评价创新策略

在课堂评价中，教师的一个微小的创新，就可以给学生以极大的激励作用，从而发挥出课堂评价的积极作用，如点头、微笑、眼神、口头与书面结合、文字评价、生活评价、当众与个别结合等。

（1）融入肢体动作、语言神情。对于取得很大进步的学生，教师可由衷地对他竖起大拇指，无须语言一切尽在不言中；对于答错问题的学生，可轻轻拍拍他的肩，说："没关系，下一个问题，你会答得更好。"还有，眼神交流也是一种课堂评价。此外，教师用一个鼓励的眼神去表扬学生的莫大进步，是既省时又到位的一种评价方式。

（2）鼓励学生自评，重视学生互评。学生回答问题或完成练习后，独立思考、判断、展示、点评、质疑并反馈成功之处和不足之处，客观对自己的表现做出评价。同学互评主要在于形成集体的标准，内化为对学生有良好作用的批评和自我批评的态度，使学生在相互评价、自我比较中获得自主发展。

（3）将游戏融入评价。例如，教师将枯燥的学科知识，绘制成游戏令牌，同学间相互发起挑战，挑战双方都有机会获得积分奖励。再如，作业改错是教学中最枯燥、最难突破的环节，教师可以设计、推行一种趣味性更强的激励措施——抢红包。最先改好错的学生在表格中写下学号，同时升级为小老师，可以检查其他同学的改错，全部通过后则开始拆红包。通过这样的方式，改错就可以变得有趣起来。一声"抢红包"令下，学生们的学习积极性空前高涨。

[该论文被收录在《走向高品质学校：理论探索篇（小学卷）》2019年5月由四川教育出版社出版]

让"育人落地　信仰开花"

——浅谈学科育人的原则和实施策略

"学科书本知识在课堂教学中是'育人'落地的资源和手段，服务于'育人'这一根本目的。"教师只有将学科育人奉为一种虔诚的信仰并转化为自觉行为，教育的原野上才会开出璀璨的花朵。

一、学科育人的现实困境

学科育人离不开学生主体力量的自我觉醒与发展，当然也离不开教师的正向影响。然而在现实中，学科育人常被异化，主要有以下几种表现。

（一）重"内容"轻"目标"

目标的确定关键在于"以学生为中心"，促进学生的全面、和谐、可持续发展。但是在现实教学活动中，教师往往以知识内容讲授为唯一价值追求，重知轻人；往往凭感觉做事，靠惯性教学，以传统陈旧的理念或以偏概全的眼光看待学生。例如，教师一味强调专心听讲，忽视学生的主观能动性和自主创造性，把具有独特想法的学生视为"异己"，不喜欢甚至排斥。

（二）重"学科"轻"育人"

学科教学的根本任务是育人，然而在现实中，有的教师把学科教学当作课堂的头等大事，而忽略了"育人"的第一使命，遇到具体的育人问题时，总是想暂时"放一放"；对课堂中许多学生的"心不在焉"和"阵阵骚动"，依然"不动声色"地"泰然处之"，不认真改进教法，采取有效措施，而是硬着头皮强行推进教案。

（三）重"形式"，轻"探究"

首先，课堂教学存在为实现新的课堂模式的形式主义现象，单纯追求形式多样化而忽视教学实质，甚至脱离课本。其次，"满堂灌"严重，缺少相机诱导。教师讲得多，学生记得多；教师启发少，学生参与少。最后，盲目使用媒体教学手段，课堂教学变成了电化教学。

（四）重"分数"轻"素养"

长期以来，学生学业水平评价采用考试评分制。学科育人评价不应再以单纯的分数为指标，而应从多方面考查学生，包括知识技能的掌握、独立思考的能力、解决问题的能力、动手操作的能力、合作的能力等，重视学习态度的转变、学习过程和体验情况、方法和技能的掌握、学生交流与合作的能力、动手实践与解决问题的能力，归根结底是重视学生综合素养的发展提升，尤其是创新精神和实践能力。学科评价要因人而异，因时而异，因境而异，采取多层，多维评价方法，让评价更具全面性、准确性、公正性和人文性，从而促进学生的差异发展，让学生成为独一无二的自己。

二、学科育人的原则

（一）遵守立德树人根本任务

"立德树人是我们办教育的根本任务，它不是概念，不是口号，要切切实实在所有的学校落到实处，办出效果。"人民教育家于漪表示，课程学科是立德树人的主渠道，课堂教学是立德树人的主阵地，立德树人在课堂里是多功能的，课堂教学的质量影响到学生生命成长的质量。这个主阵地占领了，教育的质量就会大幅度提升。

（二）遵循学生全面发展规律

教学目的从根本上说是为了学生发展，发展是一种开放的、生成性的动态过程，是在人的各种关系与活动的交互作用中实现的，具体是指每个学生的充分发展、全面和谐发展、终身持续发展、主动活泼发展、个性差异发展。

（三）尊重教材育人内涵

"尊重教材"就是要用好教材，准确把握教材的编写意图。教师必须"吃"透教材，在教学中力求还原教材编写的本意，深入感悟教材资源，实现教材自身价值最大化。教学内容要以"学生"为中心、"文化"为走向、"学科"为使命、"教材"为蓝本。

（四）遵行教材的创造升华

创造并升华教材，就是以教材为原型和范例，在依托教材的基础上根据实际需要适度拓展延伸，探索"学科＋"路径，寻求学生认知规律与教材编写意图之间的契合，对教学内容进行多学科融合，科学合理地整合、重组和超越，使加工后的教材更具实效性、现实性和挑战性。

（五）遵从"无痕和有形"德育的有机结合

教师要将德育内容化为学生课堂学习点点滴滴的累积和生命成长的细节之中，以培养学生良好的心理素质、行为规范、道德品质、信仰归属。

三、学科育人的实施策略

（一）重塑素养导向的学科教学观

《教育部关于全面深化课程改革落实立德树人根本任务的意见》指出："充分发挥人文学科的独特育人优势，进一步提升数学、科学、技术等课程的育人价值。同时加强学科间的相互配合，发挥综合育人功能……"为新时期学科育人指明了方向。

学科育人应充分发挥学科教学功能，体现学科育人特色。教学过程中要根据学科特点，利用学科丰富的教育资源，融入人文精神和生命教育，凸显育人功能。人文学科语文、历史、艺术等直接指向人的精神世界与学生心灵成长培养，如道德与法治学科，对于个人而言，在于增进认识，促进思考，拓宽视野，提高人文素养，培养学生健全人格和世界公民；对于民族而言，在于增进民族自信心和自信力，增强学生对本民族的认同感；对于人类而言，在于传承历史、继承文明，从历史中汲取智慧与教训，促进人类文明发展。又如，数学等非人文学科，指向的是人对未知世界的探索、对真理的追求，更多的是在追求真理的过程中表现出来的求真务实、不畏艰险的严谨科学的态度和人类探寻未知世界的执着精神。这种态度与精神需要教师在课堂上传递给学生，使之成为学生成长的必备营养。

（二）重理以人为本的学科教学本质

基于对生命的尊重，通川区七小在对传统知识课堂的超越下，构建起"任务驱动、问题引领；自主学习、交流展示；质疑问难、合作探究；精选精练、巩固提升"的生命课堂教学模式。课堂教学生态得到改善，呈现出"学生当堂自学、互学、展学、评学与教师导学"的"五学"课堂样态。

课堂教学活动通过"动一动""看一看""问一问""想一想""议一议""说一说""辩一辩""理一理""试一试"等，培育学生的合作、探究意识。

学科教学尊重差异、分层递进，内容如下：

1. 提问分层

简单问题可让成绩较差的学生回答，回答有疑难时教师可适当点拨，让学生觉得自己也是可以进步的，从而鼓励全体学生都参与到课堂活动中，使课堂充满生机。

2. 评价分层

教学评价根据学生层次，进行适当的发展性和鼓励性评价。学生在课堂上回答问题有错误时，教师要充分保护学生的自尊心，鼓励学生保持探索精神；回答正确时要给予学生激励性评价。

3. 作业分层

在班级中，大部分学生都能完成当天作业，只有小部分学生完成有困难时，教师可适当减轻这些学生的作业量。

关注学生富有个性的学习，鼓励学生根据自己的兴趣和能力自由选择，即自主选择"学习伙伴"、自主选择"内容"、自主选择"理解"、自主选择"学法"、自主选择"作业"。学生通过教师有意识的培养，从乐于自主选择到善于自主选择、敢于自主选择，这样就能从根本上改变学生等待教师传授知识的现状，消除学习的依赖心理，使他们成为学习的主动探索者。

（三）重建学科育人校本化的实施路径

学科育人是落实核心素养和立德树人根本任务的重要途径。学科育人不是对学科特质的削弱、排斥和否定，而是对学科特质的突出，学科育人应坚持多元融合做到"五育并举"。

1. 学科课程重构与整合

打破学科界限的跨学科渗透课程开发，通过搭建大教研平台，选择学科交叉点并分类整理，融入学科教学中，提高教学效益。

打破课程界限的国家与地方、校本课程的整合，将地方课程与学校课程作为国家课程的有益补充，形成在国家课程教学中穿插与之相关的地方与学校课程，解决师资缺乏与课时不足难题，以培养学生自主学习能力为前提，提高课堂教学效益。

地理与环境教育的整合，如思想品德、道德与法治安全教育的整合、语文与传统文化的整合、数学与研究性学习的整合等。这些整合课程将地方课程融入国家课程，成为国家课程的有益补充，既能弥补师资不足，又能拓宽学生视野。

根据学科特点和学生认知规律开发学科拓展课程。我们围绕国家课程研究开发"经典诵读""英语故事""生活中的数学"等校本课程，从课内延伸到课外，从课本知识延伸到生活需求，较好地激发了学生的学习兴趣，巩固发展了学生学科素养和个性特长。

2. 地方资源融入校本课程

学校组织人员，调查挖掘达州当地人文、艺术、美食、风俗资源，开发诸如"达州民歌""达州美食""达州人物""达州美景""达州民俗"等具有达州地域特色的校本课程。目的在于唤醒孩子们对于家乡文化的尊重与热爱的情感。

3. 课程校本化实施拓宽德育途径

学校德育是学校根据当今社会的要求和学生品德形成发展的规律与需要，有目的、有计划、有组织地对学生施加社会思想道德影响，并通过学生品德内部矛盾运动，以使其形成社会所期望的品德活动。它对坚持学校的社会主义性质，保证学校人才培养的正确政治方向，促使学生素质全面发展起着决定性作用，因此，课程校本化实施是拓宽育人途径的先导工程。

通川区七小"七大习惯"（见表1-1）养成教育，将体现社会主义核心价值观的"诚信、节俭、有序、友善、感恩、自信、自律、创新、尊重、爱国、合作、责任"等12种品格，作为德育基本内容，根据学生情感认知规律，把校园生活和社会生活结合起来，每月一主题，每主题一活动方案，开展系列教育活动。

学校采取"虚实并进，讲练结合"策略，以文本为导向，以活动为载体，以榜样为引领，系统推进"习惯课程"。师生在品格教育系列活动中通过浸润式、参与式教育，思想道德水平明显提高。

表1-1 学生"七大习惯"明细

	维度	意义	内容指向	习惯名称	习惯要点分解
通川区七小学生"七大习惯"	修养	求善	爱众生	仁爱习惯	孝亲感恩、爱校爱国、爱护环境 尊师爱友、爱护公物、热爱集体 善于接纳、甘于奉献、勤俭节约
	学习	求知	会学习	自省习惯	勇敢提问、勤于思考、课前预习 上课认真、作业仔细、错题归纳 博览群书、坚持日记、绿色上网
	健体	求生	爱身体	健体习惯	保护视力、科学用脑、热爱运动 规律作息、坐直走稳、远离烟酒 讲究卫生、注重安全、不偏食
	处世	求美	讲文明	尊礼习惯	语言幽默、坚守诚信、多才多艺 知书达理、注重仪表、言行自律 志趣高雅、遵章守纪、互利互惠
	交往	求和	重团队	合作习惯	见贤思齐、善于倾听、一诺千金 真诚待人、知己知彼、和谐共处 雪中送炭、换位思考、善于合作
	实践	求真	爱科学	务实习惯	谦虚谨慎、持之以恒、求实务虚 善于观察、善于分析、善于探究 专心致志、目标管理、戒骄戒躁
	创造	求新	有抱负	创新习惯	思路开阔、思维活跃、精益求精 勇于探究、勇于质疑、勇于纠错 勇于尝试、勇于抗挫、绿色上网

4. 个性发展课程体现以人为本

学校顺应孩子天性的生长规律，开发个性化课程，给学生一个选择课程的机会。

学校在音乐、美术学科中，除课本教学内容外，让孩子们拥有"七大高雅才艺"，具体开设了民乐、篮球、乒乓球、书法、科幻画、合唱、十字绣、剪纸、机器人、3D打印等多门学生喜爱的、感兴趣的课程。

学校篮球课程，根据学生兴趣爱好，将篮球运动进行改良，建议将网篮降低一米，篮球架和投篮板漆成彩色，这样使儿童更容易接受，充分体现校园体育的娱乐性、趣味性和适配性。通过设置"通川区七小少年科学院"，承担科创课程开发和科创活动组织工作，管理机构由指导教师和学生共同组成，成为推动通川区七小科创工作的中坚力量，培养了学生创新精神和实践能力。

（四）完善学科育人评价，助力育人成效高质量发展

科学的学科育人评价应以育人为本、德育为根：坚持把立德树人成效作为评价的根本标准。突出评价目的的育人性：坚持"现实的人"哲学观点，尊重评价对象的具体性和学生人格的完整性，尊重学生表现的日常性、发展的差异性、成长的动态性，纵横贯通学生学习全要素，依靠互联网、大数据等信息技术，确保评价证据的全面性；创新智能评价方法，建立学生评价标准体系，研发学生智能评价技术、开发学生评价专业工具，培养教育评价专业人才，提高评价手段的专业性和智能性；综合发挥评价服务功能。

通川区七小以清晰指向，变"德育渗透"为学科教学的本体追求，实现"目标—过程—评价"的一致性。学校一方面把握学科个性，通过学科知识、技能、蕴含的情感态度以及学科价值取向，整体影响学生成长；另一方面处理好学科目标和教育终极目标之间的隶属关系，避免分科教学带来的"画地为牢"或者"相互冲突"。

学校建立以学科核心素养为导向的评价体系，即在注重评价内容、评价主体、评价形式多元化的基础上，建立以展示性评价为主、赏识性评价为辅的体系。

1. 表现性评价：重过程性评价、质性评价、非学业成就评价

通川区七小在构建"七彩教育"时，首先让学生成为班级各项工作的管理者，在此基础上进一步"拔高"：让更多的学生成为引领某一方面的"榜样明星"。让"每个学生"每学期至少获得一张"××之星奖状"或"××之星勋章"，由此形成学生争做"七星"榜样的星光灿烂景象。

第一组：仁爱之星系列

"七大优良品质"分别设置："通川区七小十大孝星""十大国学经典小达人""十大生活自理能手""十大公益小天使""十大环保小卫士""十大校园安全小民警"……

第二组：智慧之星系列

"七大核心智能"分别设置："十大故事大王""十大演说家""十大数学达人""十大七巧板达人""十大小侦探"……

第三组：学习之星系列

"七大品质""七大智能""七大习惯"有关学习方面的内容，突出学生"以学为主"的主题。"学习之星"系列为："十大学习进步之星""十大学习方法达人""十大纠错能手"……

第四组：习惯之星系列

"七大优良习惯"分别设置："十大礼仪明星""十大友善达人""十大创新能手"……

第五组：才艺之星系列

"七大高雅才艺"分别设置："十大小歌星""十大小表演家""十大棋类运动达人""十大小书法家""十大小画家""十大小诗人""十大茶艺达人"……

第六组：运动之星系列

"七型运动课程"分别设置："十大速度型运动达人""十大耐力型运动达人""十大健美型运动达人""十大准确型运动达人""十大隔网对抗型运动达人""十大同场对抗型运动达人""十大格斗防身型运动达人"……

第七组：科创之星系列

七大科创之星分别设置："十大小牛顿""十大小科学家""十大科学博士""十大小发明家""十大小制作能手""十大机器人标兵"……

2. 成长记录评价："自己与自己比"+"自己与同伴比"

每学期学校都要记录学生的成长记录，主要反映一学期来学生的成长变化，包括各学科学习、生活变化情况等。

成长记录评价主要通过对学生成长过程的观察、记录和分析、展示，促进教师把握学生成长规律，了解学生个性特长，不断激发学生潜能，为更好地促进学生成长提供依据。

生命既是学科育人的逻辑起点，又是学科育人的最高目的。有这样一首歌，歌词写得特别好："我就是我，是颜色不一样的烟火。"我们的孩子就像夜空中的烟火，每一朵都有不一样的颜色。唯有谨记教育初心，勇担学科育人的使命，呵护好每一种颜色的烟火，我们的信仰才会在教育的天空中绽放出绚烂的花朵。

学科育人不仅要培育社会主义核心价值观和中华优秀文化基因的中国现代人，更要培育立足未来，跻身世界，融入人类命运共同体的世界合格公民。

（在四川省第二十七届小学教育教学改革研究共同体暨第三届STEM教育教学改革研究共同体学术研讨会上的发言，发表在《教育科学论坛》2021年第10期）

第二篇

教育科研

——用创新为教育的事业助力

王仕斌语

> 不搞教育科研的教师是没有前途的教师，不重视教育科研的学校是没有希望的学校！在改革创新的教育大潮中，如果停留在传统的"刀耕火种"上，教师只能是一个"教书匠"，学校只能走向平庸！

"高品质学校建设背景下课堂深度学习的实践研究"研究报告

一、问题提出

（一）高品质学校建设的时代背景

自我国普及义务教育后，学校已从标准化、规范化阶段步入品质化的发展新阶段。然而，我国基础教育的现状令人十分担忧。

学校的培养目标在实践过程中与理想的培养现代人的发展目标产生了偏离。学校教育存在脱离社会实际和学生生活实际、教育内容繁多而又复杂、教育方法形式化等问题，这些都与解放学生个性发展、提升学生实践能力和创新精神相矛盾，不能满足学生成长需求和社会发展需求。

在考试文化的制约下，很多学校课程以刚性要求的必修课程为核心载体，而教师、学生对知识的重视程度则取决于此部分知识是否在考试大纲范围之内，学生成为考试的机器、解题的工具。这种教育背离了党和国家的教育方针，背离了教育规律、青少年成长规律，没有把促进学生成长成才作为学校一切工作的出发点和落脚点。在这种情况下，高品质学校建设就显得尤为重要及必要。

（二）课堂深度学习的现状

新课程改革以来，课堂中教师的"一人秀"模式逐渐被"自主、合作、探究"等新型学习方式所取代，对话成为课堂教学的主旋律。这种新型的课堂教学模式与传统的授受式的课堂教学模式相比，在学生学习兴趣的激发、学生参与课堂活动的广度和师生合作交流的状态等方面都实现了质的飞跃。但由于教师对新型学习方式的内涵、原理、实施策略等方面理解不到位，使得"自主、合作、探究"等学习方式在实施过程中出现了许多问题。在许多自称合作性、探究性的课堂上，学生忙碌于各种"工具"的使用和"自由"的交流，并没有体现出对新型学习方式所强调的自主学习的能力、合作学习的意识、科学探究的精神的重视，学习往往只停留在表层，没有搭建起学生内在发展需要的支架。

时值后疫情时代，线上线下混合教学已成趋势，借助互联网和信息技术，即使是在师生分离的情况下也可以实现时时学习。但目前线上教学资源短缺且良莠不齐，不成体系，如何让学生在家里或其他公众场合进行深度学习亟须解决。

重视学生的课堂深度学习是每个教育工作者的必然选择：让学生以高阶思维的发展和实际问题的解决为目标，以整合的知识为内容，积极主动地、批判性地学习新的知识和思想，并将它们融入原有的认知结构中，且能将已有的知识迁移到新的情境中的一种学习，实现真正意义上的学习。

二、核心概念界定

（一）高品质学校建设

高品质学校是既有高品位，又有高质量的学校。

学校的品位指的是学校办学行为符合教育规律和政策法规的程度，品位是前提条件，具有决定性作用。高品位学校，是懂教育的学校，是遵循规律的学校，是真正能够把"立德树人"作为根本任务的学校。

学校的质量指的是学校办学成果满足学生成长需求和社会发展需求的程度，质量是根本保障，是品位的实现程度。高质量学校，是培育人才质量高，能使学生实现自我价值、满足社会发展的需要；是培育过程质量高，"五育并举"，低负高效。

品位的本质是学校主体对教育的认识与主张，质量的本质是学校主体对教育进行的实践与实践结果。品位和质量的关系可以表达为"品质=品位×质量"。

"高品质学校建设"是以"高品质课堂、高品质学校、高品质教育"为发展方向，是具有完整的框架意识和愿景指导的结构性变革。它既要接天，把握大局，又要立地，从实际出发。它在同根共养、差异互补、交互学习、共生共长的研究与实践中，推动理念创新与实践创新。"高品质学校建设"是致力学校教育品质全面提升的改革，聚焦"培养什么人、怎样培养人、为谁培养人"的根本问题，以"五育并举"为基本路径，解决学校质量追求中的认识与实践上的偏差，推动有四川特色和校本路径的创新发展。

高品质学校建设首先要树立高品位意识，品位是质量的极限，高的品位才能创造高的上升空间。其次要提升认知转化效率，实现知行合一。最后要探索创新，多点突破。

只有内在的办学行为符合教育规律和政策法规的程度高，外在的办学成果满足学生成长需求和社会发展需求的程度高，这样的学校才是高品质的学校，才能真正肩负起历史使命，才能培养出能担当民族复兴大任的时代新人。

（二）课堂深度学习

1. 深度学习的内涵

深度学习理论认为，学习既是个体感知、记忆、思维等认知过程，也是根植于社会文化、历史背景、现实生活的社会建构过程。深度学习（deep learning）也被译为深层学习，是美国学者Ference Marton和Roger Saljo基于学生阅读的实验，针对孤立记忆和非批判性接受知识的浅层学习（surface learning），于1976年首次提出的关于学习层次的一个概念。深度学习是一种以促进学生批判性思维和创新精神发展为目的的学习，不仅强调学习者积极主动的学习状态、知识整合和意义联结的学习内容、举一反三的学习方法，还强调学生高阶思维和复杂问题解决能力的提升。深度学习不仅关注学习结果，也重视学习状态和学习过程。

2. 深度学习的特征

深度学习与浅层学习在学习目标、知识呈现方式、学习者的学习状态和学习结果的迁移等方面都有明显的差异。其特点主要表现在四个方面。

第一，深度学习注重知识学习的批判理解。深度学习是一种基于理解的学习，强调学习者批判性地学习新知识和思想，要求学习者对任何学习材料保持一种批判或怀疑的态度，批判性地看待新知识并深入思考，并把它们纳入原有的认知结构中，在各种观点之间建立多元联结，要求学习者在理解事物的基础上善于质疑辨析，在质疑辨析中加深对深层知识和复杂概念的理解。

第二，深度学习强调学习内容的有机整合。学习内容的整合包括内容本身的整合和学习过程的整合。其中内容本身的整合是指多种知识和信息间的联结，包括多学科知识融合及新旧知识联系。深度学习提倡将新概念与已知概念和原理联系起来，整合到原有的认知结构中，从而引起对新的知识信息的理解、长期保持及迁移应用。学习过程的整合是指形成内容整合的认知策略和元认知策略，使其存储在长时记忆中。

第三，深度学习着意学习过程的建构反思。建构反思是指学习者在知识整合的基础上通过新、旧经验的双向相互作用实现知识的同化和顺应，调整原有认知结构，并对建构产生的结果进行审视、分析、调整的过程。这不仅要求学习者主动地对新知识做出理解和判断，运用原有的知识经验对新概念（原理）或问题进行分析、鉴别、评价，形成自我对知识的理解，建构新知序列，还需要学习者不断对自我建构结果审视反思、吐故纳新，形成对学习积极主动的检查、评价、调控、改造。可以说，建构反思是深度学习和浅层学习的本质区别。

第四，深度学习重视学习的迁移运用和问题解决。深度学习要求学习者对学习情境进行深入理解，对关键要素进行判断和把握，相似情境能够做到"举一反三"，也能在新情境中分析判断差异并将原则思路迁移运用。深度学习的另一个重要目标是创造性地解决现实问题。

三、研究综述

事实上，早在1956年布卢姆在其《教育目标分类学》中关于认知维度层次的划分中就已蕴含了"学习有深浅层次之分"。Ference Marton和Roger Saljo借鉴了布卢姆认知维度层次划分理论，创造性地提出了深度学习的概念并借助实验推进了深度学习的研究。此后，许多研究者开始关注深度学习，Biggs和Collis、Ramsden、Entwistle等学者都从不同角度发展了深度学习的相关理论。近年来，深度学习越来越受到教育研究者的关注，2006年，加拿大多伦多大学Hinton教授和他的学生Salakhutdinov在《科学》上发表了一篇关于深度学习的文章，掀起了21世纪深度学习在学术界的浪潮。2013年1月，在百度公司的年会上，创始人兼首席执行官李彦宏高调宣布要成立百度研究院，其中第一个重点研究方向是深度学习，并为此成立深度学习研究院（IDL）。2013年4月，《麻省理工学院技术评论》（ *MIT Technology Review* ）杂志将深度学习列为2013年十大突破性技术之首。虽然他们对于深度学习概念的界定不尽相同，但在深度学习与浅层学习的差异性以及深度学习的本质的理解上，基本达成了共识。按照布卢姆认知领域学习目标分类所对应的"记忆、理解、应用、分析、评价及创造"这六个层次，浅层学习的认知水平只停留在"知道、理解"这两个层次，主要是知识的简单描述、记忆或复制；而深度学习的认知水平则对应"应用、分析、评价、创造"这四个较高级的认知层次，不只涉及记忆，还注重知识的应用和问题的解决。因而，较为直观的表达为：浅层学习处于较低的认知水平，是一种低级认知技能的获得，涉及低阶思维活动；而深度学习则处于高级的认知水平，面向高级认知技能的获得，涉及高阶思维（higher-order thinking）活动。高阶思维是深度学习的核心特征。发展高阶思维能力有助于实现深度学习，同时深度学习又有助于促进学习者高阶思维能力的发展。

至于促进线上线下深度学习的课堂教学策略研究以及课堂深度学习在高品质学校建设进程中的意义和作用、方法与路径，目前国内外研究涉及甚少，我们的研究具有开创性和探索性，这势必会激发我们以排除万难的豪情投入深度学习和高品质学校建设的研究之中。

四、本课题研究意义

多年一线教学、一线科研的经历告诉我们：只有立足"学"，才能弄清楚

"教"。所有关于"教"的问题的思考和设计，都应以对"学"的理解和把握为基础，否则，"教"就可能成为背离"学"的规律、脱离学的目的的无实际效果和意义的活动。高品质学校建设背景下课堂深度学习的实践研究正是在深入研读深度学习理论的基础上，通过批判当前课堂学习中存在的浅层学习问题而提出的一种引导教学调整教师理念和教学行为的建议。本研究的价值、意义和创新点体现如下。

（一）确立高阶思维发展的教学目标，引导学生深度理解

如前所述，虽然新课程改革突破了"双基"的局限，从整体上确立了"知识与技能、过程与方法、情感态度与价值观"的三维目标，但由于教师对"三维目标"理解得不到位，每节课都按照"三维目标"机械地来陈述教学目标，并试图在短短的40分钟内实现"三维目标"，这种认识和行为必然导致学生学习收获只能浮于表面。本研究认为，教学应该突破"三维目标"分类陈述的限制，将学生高阶思维能力的发展作为教学的首要目标。"三维目标"中的每一类目标都有思维发展的要求，但思维的发展也有高低之分，高阶思维能力的发展程度是深度学习与浅层学习的最大区别。当前我国中小学生的学习大多数停留在"记忆、理解和简单应用"的层面。这个层面上的教学也只能教会学生认识世界和按图索骥地执行任务，而不会成为他们改造世界和创造性工作的助推器。因此，本研究建议，教师应该将高阶思维的发展作为教学目标的一条暗线伴随课堂教学的始终，无论是知识与技能方面、过程与方法方面，还是情感态度与价值观方面，都要始终将"分析、评价和创造"作为教学目标的重点关注对象。当然，这种关注"分析、评价和创造"高阶思维能力的发展一定是基于"记忆、理解、应用"基础上的关注，而不是建造空中楼阁。

（二）整合意义联结的学习内容，引导学生批判建构

深度学习实质上是结构性与非结构性知识意义的建构过程，也是复杂的信息加工过程，须对已激活的先前知识和所获得的新知识进行有效和精细的深度加工。然而，许多中小学的课堂教学都是教师先将孤立的、非情境性的知识呈现给学生，然后通过举例、活动等方式让学生记忆和理解知识。这种知识的表征方式不利于促进学习者对知识的有意义的整体感知。学生以孤立、零散、碎片的形式将知识存储于记忆中，当遇到新问题时，仅会机械地运用片段化的知识解决问题。由于知识的学习过程没有在新旧知识之间建立联结，新知识没有进入学生原有的认知结构，就会出现解决问题的效率低、效果差的现象。深度学习的内容特点是基于问题的多维知识整合，在进行教学内容分析和设计时，需要教师全面地分析教材、深入地挖掘教材、灵活地整合教材，即将教材的内容打散重新组合，使内容具有"弹性化"和"框架式"特征，将孤立的知识要素联结起来，引导学生将知识以整合的、情境化的方式存储于记忆中。这样不仅有利于学生进行有意义的知识建构，还有利于知识的提取、迁移和应用。这就要求教师不仅要深入了解学生的先前经验、理解新知识的类型，指导学生在新旧知识、概念、经验间建立联系，而且引导学生将他们的知识归纳到相关的概念系统中，并在批判反思的基础上建构属于自己的新的认知结构。

（三）创设促进深度学习的真实情境，引导学生积极体验

从深度学习的内涵来看，它着意迁移运用，要求学生不仅理解学习内容，而且深入理解学习情境。学生只有把握了情境的关键要素，才可弄清差异，对新情境做出"举一反三"、准确明晰的判断，从而实现原理方法的顺利迁移运用。倘若学生不能将知识运用至新情境中来解决问题，仅能肤浅地理解、机械地记忆、简单地复制，那么这种学习就仍停留在浅层学习的水平上。情境认知理论认为，学习的终极目标是学生要将自己置于知识产生的特定情境中，通过积极参与具体情境中的社会实践来获取知识、建构意义并解决问题。作为一种建构性学习，深度学习不仅要求学习者懂得概念、原理、技能等结构化的浅层知识，还要求学习者理解掌握复杂概念、情境问题等非结构化知识，最终形成结构化与非结构化的认知结构体系，并灵活地运用到各种具体情境中来解决实际问题。这就要求教师一定根据学习内容的特点、教学目标的要求、学生思维的发展状况适时创设能够促进学生深度学习的课堂情境，并引导学生积极体验，最终使学生达到将所学知识与情境建立联系并实现迁移的目的。

（四）选择持续关注的评价方式，引导学生深度反思

持续评价、及时反馈是引导学生深度反思自己的学习状况并及时调整学习策略、实现深度学习的有效途径。它不仅可以促进学生深入理解学习内容，改进学习策略，还可以帮助教师及时调整教学策略，增强课堂学习的实效性。虽然新课程改革指出了形成性评价在学生发展中的重要意义，也在极力倡导教师运用形成性评价观照学生的学习状态，但当前中小学课堂教学实践告诉我们，形成性评价并没有受到应有的重视，"装点门面"、蜻蜓点水仍然是它的存在方式。大量的研究都已证明，"学生学习的重要收获来源于经常向学生提供有关他们学习的反馈，尤其是当反馈包含了可以引导学生不断努力的具体意见时。当反馈关注学生的学习过程而非最终成果时，反馈就会极大地促进学生学习"。因为对过程及任务的关注使学生将自己的认知能力不再视为亘古不变的个体特征，而是视为一个动态发展的过程，这种认识就会使学生将自己当前的成果归结为自己当前学习努力的结果，在保持学生对学习能力自信的同时，还会引起他们下一步的学习动机。因此，深度学习要求教师一定重视形成性评价在学习学习中的价值，关注学生的学习进展并及时给予反馈，进而引导学生根据自己的学习状况调整他们的学习策略。此外，深度学习还要求教师在评价的过程中重点关注学生元认知能力和思维品质的发展，因为只有发展了的元认知能力和改善了的思维品质才会进一步激发学生深入学习、积极探究的动机，才会将学生的学习引入更高层次。

五、研究目标

（1）通过对课堂现状的调查研究，引起学校管理层面、学科教师的反思，使他们进一步学习、更新教学理念，促进教师对课堂深度教学的追求。

（2）通过课例研究，形成若干学科系列化的促进学生深度学习的成功案例。

（3）通过对教学过程中的学法指导研究，总结出促进小学生深度学习的各年级段学法指导目标及训练要点体系，形成促进小学生深度学习的课堂风格，逐步形成富有通川区七小新锦学校鲜明特色的深度学习课堂。

（4）通过课堂评价研究，形成基于学生深度学习的评价体系，以更好地评价深度学习课堂。

（5）通过促进小学生深度学习的课堂，让学生不再只是知识的传承者和消费者，而要成为知识的创新者和贡献者。让学生学会独立思考，学会提出问题、解决问题，进而具有批判性思维，也促进教师的专业成长。

（6）通过对后疫情时代线上线下混合教学模式的调查研究及实践研究，对新形势下深度学习实施策略进行探究，进一步拓宽教师视野，促进教师对广义上的课堂深度教学的追求。

六、研究内容

（一）促进小学生深度学习的课堂现状调查研究

研究要点：整理学校已有办学经验，对本校教师在课堂中的教学现状和学生在学科教学中的学习现状进行分析，学校管理层面、学科教师、学生之间共同建立深度学习的愿景，并对"课堂学习活动设计"的内涵和外延进行设计。

（二）促进小学生深度学习的课例研究

研究要点：各个学科以课例研究为抓手，归纳促进学生深度学习的策略。学习策略包括学生学情分析、自主性学习活动设计策略、体验性学习活动设计策略、探究式学习活动设计策略、合作式学习活动设计策略以及激发学生主动学习的策略，形成课例库。

（三）促进小学生深度学习的学法研究

研究要点：学法研究就是教学过程中的学法指导，教师要从学生的角度思考问题、解决问题，这样才能真正地促进学生进行深度学习，通过对学法的研究，总结出促进小学生深度学习的各年级段学法指导目标及训练要点体系。

（四）促进小学生深度学习的课堂评价研究

研究要点：从教师"教"和学生"学"的角度评价是否有效落实深度学习，探索各年段促进儿童深度学习活动设计与教学评价标准，形成落点实、评价准、有延续的评价体系。

（五）线上线下混合教学模式下的深度学习实施策略研究

研究要点：对当下的线上线下混合教学模式现状进行调查分析，教师结合已有经验及实际进行教学，并不断反思、精进，形成有效的实施策略。

七、研究方法

文献研究法：通过查阅相关资料，了解深度学习的内涵，掌握促进学生深度学习的相关策略、途径，了解其他课堂的实践表征、实施策略、评价体系，为本课题的研究奠定基础。

行动研究法：对教师们设计的促进小学生深度学习的课例进行课堂实践研究，从观课的角度和上课老师的角度分析验证设计的活动是否促进了学生的深度学习，从而对设计的活动进行分析和改进，形成一定的方法和策略。

课例研究法：通过对课堂学习活动设计中普通教师和骨干教师的课例进行分析，形成具有典型性的课堂学习活动设计的方法和策略。

经验总结法：通过实践与研究，不断总结促进学生深度学习的课堂学习活动设计的操作模式、评价方法，形成一定的经验。

调查研究法：对研究对象的基本学习情况进行前后调查研究，及时了解及总结研究对象的学习方式、习惯及能力。

八、研究措施和活动

（1）在课题研究中，我们通过不断的理论学习和课堂教学，营造良好的课题研究氛围，平时做到多思考、多听课，多积累、多交流、多总结；不断深入进行课题研究，对课题研究状况进行回顾和反思，对课题研究中存在的不足进行分析，充分认识自己课题研究的意图，从而为课题研究的深入打下扎实的基础。

（2）进行线下及线上课例探讨，探索课堂深度学习策略，增加问题情景设计，重新组织教材知识结构网络，解决知识的抽象性与形象性的矛盾、内在规律和表象的矛盾，激发学生学习的兴趣，让学生完成知识的自我架构，实现真正意义上的深度学习。

（3）研究成果展示及时，研究成果包括实验报告、论文、教学案例、教学故事、学生作品和经验总结等。通过探究，课题组撰写了一些有价值的论文和实验报告，并探索出适应新形势、新课程理念下新的教学方式和学习方式。

九、研究取得的成果（认识性成果、操作性成果）

经过课题探究，在课题组全体成员的努力下，本课题完成了课题研究任务，基本达到了预期目标，已经形成了初步成果，取得了较好的实验效果。经过总结归纳，具体分为以下几个方面：

通过课例研究，教师在实践中转变了教育教学理念，形成了若干学科系列化的促进学生深度学习的成功案例。

（一）在实践基础上初步探索出促进小学生深度学习的教师课堂教学行为的策略

（1）以情导情，引领学生深度体验。

（2）用教材教，引领学生深度解读。

（3）以"磁"为场，引领学生深度建构。

（4）有效提问，引领学生深度探究。

（5）讲练结合，引领学生深度思考。

（6）拓宽空间，引领学生深度实践。

（7）创新评价，引领学生深度发展。

（二）在实践基础上初步探索出后疫情时代线上线下混合教学模式的深度学习实施策略

（1）组建高阶虚拟学习社区，引领学生高阶认知。

（2）精准创设模块问题情境，引领学生深度思考。

（3）营造互动协作探究氛围，引领学生深度融创。

（4）构建多元评价体系模式，引领学生高阶发展。

（三）课堂深度学习意义及表现内容

课堂深度学习增强了学生的学习兴趣，提高了学生的实践能力，让学生不再只是知识的传承者和消费者，而成为知识的创新者和贡献者。让学生学会独立思考，学会提出问题、解决问题，进而具有批判性思维，提升教育教学效果。

我们对实验前后学生实践能力进行测试对比，并结合学生学习成绩情况的统计分析，看出学生通过本课题实验综合素养有了明显提升。具体表现在以下几个方面：

（1）学生对事物有了较广泛的兴趣，有了寻根究底的探索精神，敢于发问，善于发问，乐于发问，逐步养成了质疑问难的习惯。学生有探索欲望，不怕困难，有积极进取的自信心。

（2）在解决问题时，学生能逐步养成思维的发散性、集中性与新颖性，并逐步养成主动地、多渠道地求知的习惯。

（3）学生注意力能高度集中，有敏锐的观察力，能从多角度观察事物、发现事物的特点。

（4）学生想象力丰富，能由此及彼，举一反三，综合能力强，善于把各个知识点重新排列组合，创造性地发现联系，有试图用各种新的方法去解决遇到的问题的习惯。

十、研究取得的效益

本课题研究的视点是在高品质学校建设背景下，从促进小学生深度学习的视角重新审视课堂改革，赋予它新的内涵与价值，是深化教育改革策略的一种创新。

（一）走近深度学习，探究课堂教学的研究方向

在研究中，我们从普通小学校情出发，以促进小学生深度学习的教师课堂教学行为的研究引领寻找课堂改革深入的有效途径，形成促进小学生深度学习的教师课堂教学行为的操作性行为和策略性行为，为新课程实践的深入提供鲜活的经验，从而改变学生学习方式，厚实教师专业发展，深化学校课程教育改革。

（二）融进深度学习，探究教学的行为策略

我们组织教师深入课堂现场、解剖课堂教学，在实践的基础上初步探索出促进小学生深度学习的教师课堂教学行为的策略。

当今，线上线下混合教学模式加速发展，我们在实践的基础上初步探索出有针对性地促进小学生深度学习的实施策略。

（三）审视深度学习，探究课堂教学的深远意义

（1）促进了教师的专业发展。

（2）改善了学生的学习方式。

（3）提升了办学品位，提高了办学质量。

十一、存在的问题分析与讨论

我们虽然对课题做了扎实、有效的实践研究工作，也取得了一些成绩，但是毕竟课题研究时间不长，我们都清晰地认识到在已经做的工作中，还有很多问题值得反思和总结。例如，如何真实有效地把这些研究成果大范围落实到课堂教学中去而不是小范围内的采用？如何更好地实现线上线下混合模式下的深度教学？如何针对小学低、中、高段教材的不同，灵活地运用这些研究成果？如何把学生能力的培养与教材的理论知识有机地结合起来？等等，这些问题还有待于今后进一步研究解决。因此，我们要继续搞好"课堂深度学习"的研究，进一步探索实现学生深度学习的途径和方法，不断提升教育教学质量，为素质教育的发展做出我们应有的贡献。

参考文献：

［1］冯锐，任友群.学习研究的转向与学习科学的形成［J］.电化教育研究，2009（2）：23-26.

［2］余凯，贾磊，陈雨强，等.深度学习的昨天、今天和明天［J］.计算机研究与发展，2013（9）：1799-1804.

［3］杜娟，李兆君，郭丽文.促进深度学习的信息化教学设计的策略研究［J］.电化教育研究，2013（10）：14-20.

［4］张浩，吴秀娟.深度学习的内涵及认知理论基础探析［J］.中国电化教育，2012（10）：7-11，21.

［5］陈志刚.对三维课程目标被误解的反思［J］.课程·教材·教法，2012（8）：3-8.

［6］向蓂花，陈佑清.聚焦学习行为：教学论研究的视域转换［J］.课程·教材·教法，2013（12）：30-35.

［7］阎乃胜.深度学习视野下的课堂情境［J］.教育发展研究，2013（12）：76-79.

（四川省普教科研资助金项目2018年度重大课题"高品质学校建设的探索与实践"子课题）

"基于学校教学成果推广的策略研究"
研究报告

推广优秀教学成果是推动教育改革和发展，提高教育质量和办学水平的需要。只有通过推广，教学成果才能被其他教师接受和运用于教育教学实践，给教育实践带来效益，使其所具有的潜在价值得到更好的体现。本研究与实践形成了对学校教学成果推广的基本认识，分析了影响学校教学成果推广的因素，探讨了学校教学成果推广应遵循的原则，总结出学校教学成果推广的策略，探索出优化教学成果推广的措施，构建了符合推广理念又适应学科特点的课堂教学评价体系，积累了本校各门学科改革的新经验，带来了本校教学管理的新变化，促进了教师教学观念和教学行为的新转变，实现了教师教学水平和研究水平的新突破，促使学生学习水平和综合素质的新发展，推动了学校办学水平跃上新台阶，产生了良好的社会影响。

一、课题研究的背景

1993—1999年，达州市通川区第七小学开展了"小学艺术教育实验"，从小学艺术教育的管理、艺术教育师资队伍建设、学科教学与教研、艺术活动的开展以及学科教学渗透艺术教育因素等方面研究学校艺术教育的开展，形成了能有效保证学校艺术教育实施的机制；课题组提炼和总结了符合艺术教育教学特点、操作性强的音乐、美术课程教学操作规程，形成了小学生艺术素质评价体系，促进了艺术学科课堂教学的优化，为素质教育落实到课堂探索了一条可行途径。该课题研究取得了显著的成效，获得四川省第二届教学成果二等奖。

在此基础上，从2001年开始，学校开展了"小学艺术学科'自主—合作'教学模式的研究"，进一步探索艺术学科教学规律，力图确立以自主学习为主要学习方式、以合作学习为主要组织形式的小学艺术学科教学策略，以期促进学生包括创新精神、艺术素养在内的综合素质的形成和发展。课题已取得了初步成效。

在推进艺术学科教学改革的同时，学校又把目光放宽到其他学科教学，考虑怎样将艺术学科教学改革中形成的一些有益经验推广到其他学科中，以推动全校的课程改革。于是，我们将该课题更名为"基于学校教学成果推广的策略研究"。我们这样做是基于以下几方面的考虑。

（一）优秀的教育教学成果不应束之高阁

我校一直都把科研作为立校、兴校之本。但在此课题研究以前，我校同当时的其他兄弟学校一样都重视课题研究中包括的选题、立项及实施过程和结题、鉴定。至此，似乎课题的研究已经终结，很少甚至没有去想下一步该做什么，下一步如何把研究的成果推广出去。

由于对教育科研活动中关于推广成果认识的不足，使得本校取得的一些优秀教育教学成果尘封角落。而优秀的教育教学成果不容闲置、浪费，应积极进行推广。只有这样，才能让其发挥出更大的价值，让更多的教师接受这些成果，进一步促进我校教师素质的提高，从而使学生从中受益。假如，这些成果就此被束之高阁而得不到推广，必然导致教育资源的损失。

（二）教师对本校已获教学成果的价值缺少发现

尽管我校在艺术教育实验的探索中取得了丰硕的成果，收到了广泛的社会效益。而其他学科教师因为大都没有参与此课题的研究，对其成果的价值知之甚少，加之，配套的推广机制尚未建立，导致对这一成果的价值缺乏正确的认识，认为该成果仅仅针对艺术学科有效，与其所任学科无关，忽略了学科间的联系、学科的整合及教育教学的普遍规律。

（三）陈旧的教育观念使我校教育整体改革步履迟缓

在我校语文、数学等其他学科教学中，一些陈旧的教学观念、教学方法仍然存在，部分教师对教学改革缺乏正确的认识，全面提高教育教学质量的问题得不到解决。而学校艺术学科的教学成果比较显著，它实际上已经在潜移默化地影响着其他学科的教师，促进了这些教师教学理念和教学行为的变化。如果我们能顺势把这种潜在的影响提升到学校管理的层面来统一考虑，使之形成一种显性的有效机制，其影响的范围和深度都将大大得到加强，有利于其他学科的教学改革，有利于学校的进一步发展。

（四）本校教学成果的推广机制尚需研究健全

关于如何推广教学成果的问题，已有研究者对此进行了研究。但这些研究更多考虑的是如何在一定区域范围内推广、应用的问题，我们考虑的是如何在一所学校内推广的问题，特别是如何将单一学科的教学成果推广到其他学科中去的问题。这一问题不仅在我校存在，在其他学校也会存在。因此，对这一问题的研究具有普遍价值。

二、课题研究的概况

研究目的：探索在一所学校内如何把已有的单学科教学成果推广到其他学科教学中，从而推动学科教学改革，解决学校内教学的现实问题。

研究思路：总结和提炼学校艺术学科的教学改革成果，筛选提炼出带有普遍价值的教学理念，将之推广到其他学科教学中去，形成有效的教学成果推广机制。

研究方法：本课题采用自然实验法（在我校全体教师的实际教学中进行）、调查法、文献法和经验总结相结合的方法进行研究。

研究周期：历时三年，从2002年1月到2005年1月，分为三个阶段。

（一）起始阶段（2002年1—7月）

制订课题方案，组织课题的开题报告、成立课题研究小组。组织实验教师学习美育及创新教育、主体教育的相关理论，理解和掌握方案的操作方法，明确工作程序，为研究的顺利实施做保证。完善艺术教育管理机制，营造艺术教育氛围。

（二）研究阶段（2002年7月—2004年7月）

前期（2002年7月—2003年7月）着重在艺术学科中探索"自主—合作"式教学策略，总结、提炼教学成果。后期（2003年7月—2004年7月）着重开展教学成果推广机制的研究，形成阶段总结报告。

（三）总结阶段（2004年7月—2005年1月）

在阶段总结的基础上，对实验进行全面的分析和总结，写出结题报告，评估验收。

三、课题研究的主要措施

（一）提炼教学成果，确定推广内容

"小学艺术教育实验"的实施和取得的显著成效，在学校广大教师队伍中产生了震动，其成果为各学科教学改革提供了可以借鉴的经验和方法，对各学科教师的教学理念起到了潜移默化的作用。部分学科教师纷纷围绕所教学科开展了多项教法改革，我们以此为契机，着力开展此项成果的推广工作。具体采取的措施包括以下几个方面。

1. 组建推广机构

为了加强领导，规范管理，使成果推广工作扎扎实实地开展起来，我校成立了"通川区七小教学成果推广领导小组"，由校长王正兰任组长，分管教科研的副校长任副组长，各部门主任为成员，具体负责课题推广工作的管理，成立了"通川区七小课题推广指导小组"，校长任组长，教导处主任为副组长，成员有本校艺术学科骨干教师和各年级教研组组长；同时还成立了"通川区七小教学成果提炼小组"；除指导小组成员外，还特聘了市教科所旷明所长、理论室贺继业老师担任顾问。

2. 确立筛选原则

机构和制度建立后，课题领导小组召开会议，认真商讨，达成共识。教学成果的提炼是推广工作的前提和关键，提炼出成果价值的大小直接影响到推广工作的成效。大家对提炼的成果是否有推广价值，是否针对校内实际问题，是否能产生预期的效益等进行了深入研讨与反复论证，提出了教学成果的筛选提炼应遵循的原则：

（1）针对性原则。这一原则是指用于推广的教学理念必须能有效地解决在学科教学中存在的实际问题，否则，推广将失去其价值。

（2）实践性原则。这一原则是指用于推广的教学成果必须是经过实践检验的、行之有效的，这样才能有说服力。

（3）指导性原则。这一原则是指用于推广的教学理念必须排除那些只有其自身特点的具体的教学方法、程序，而能对其他学科教学起指导作用。

3. 构建筛选方法

在原有艺术学科教学成果的基础上，我们先后多次聘请有关教育研究专业人员，采用"研读原成果—细听研究课—反思教学行为—召开研讨会"等形式，对艺术学科教学成果进行总结和提炼。先细读原教学成果，观摩、筛选出艺术学科成功的教学案例，在此基础上，通过反思艺术学科教师及其他学科教师的课堂教学行为，召开研讨会，排除那些带有艺术学科教学特点的教学方法和程序，形成与其他学科相通的具有普遍指导意义的教学理念和操作规程。

4. 提炼推广理念

由于艺术学科本身具有其独特的教学特点，如重视声音、图像、色彩的运用，强调直观、生动、形象。我们在研究中力图将原有成果蕴含的教育理念与当今课程改革的理念有机结合，从艺术教学成果中总结、提炼出具有普遍价值并且与课改理念暗合的教学原则，"物化"为其他学科教学所能借鉴和吸收的理念，如图2-1所示。

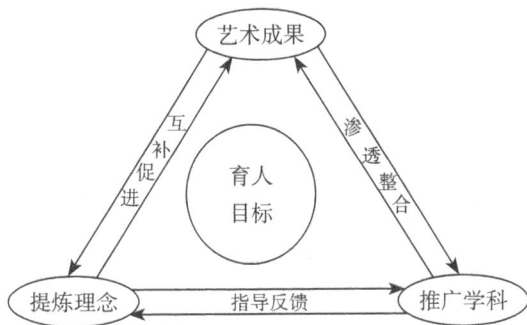

图2-1 艺术成果、提炼理念、推广学科关系图

在对艺术学科教学成果的探究和提炼过程中，课题组达成共识：把对艺术教育成果的提炼途径定位在课堂教学这块实施素质教育的主阵地上。在多次观摩艺术学科课堂教学的过程中，我们发现：艺术学科具有融声音、图像、色彩为一体，既直观亮丽又生动形象的特点，而且以其独特的形式美、丰富的内容美、深刻的理性美去塑造与发展学生的个性品质、气质修养等非智力因素。我校的艺术教师善于充分利用此特点，通过艺术的直观与教师的语言描绘，连同教师的情感，创设一种美、智、趣的教学情境，并与亲和的人际情愫交融在一起，使儿童走进课堂备感轻松、愉悦、亲切，在不知不觉中参与教学过程，达到全身心地沉浸其中的境界。其间，有暗示的作用，有移情的作用，也有角色的效应以及心理场的推进，从而达到启迪思维、发展智力、丰富情感的效果。其操作要素概括如下。

音乐课：导趣—初探—激情—操作—评议—表演。

美术课：课始导入激发兴趣—直观演示突破难点—强化练习分层指导—总结讲评相互提高。

提炼小组通过反复研读原成果、多次听艺术教师的观摩课和其他学科的课堂教学、找艺术学科带头人座谈、召开研讨会、请专家到场指导等形式，继续深入挖掘其内核，揣摩其要领，总结出带有共性的可供其他学科课堂教学借鉴的操作要素。

（1）以"美"为突破口

我们对当时艺术学科和其他学科的课堂教学观摩后进行比较和剖析，发现个别学科的教学没有摆脱传统观念的束缚。

在语文课堂上，教师习惯于自己讲解分析，以"告诉"的方式推进教学过程，教师"负责"把知识灌输给学生，学生的"任务"则是把教师讲解的知识听好、记住。作品里的人物学生看不见，洋溢在字里行间的情感学生体验不到，学生应该获得的关于生活的认识、智慧的启迪、审美的体验，都被教师干巴巴的分析取而代之。

在数学课堂上，可谓是僵化的数字+孤零零的公式+再三重复的计算=数学，与鲜活生活的隔绝。课堂成了学生听着、记着，不断写着、算着的车间，学生成了学习的机器！他们神情茫然，明亮的眼睛黯然神伤。学习成了孩子们的沉重负担，孩子们的童年失去了光彩，其结果是单纯的符号活动代替了师生间心智的交融。

而在我校实施"小学艺术教育实验研究"后的艺术课堂上，教师得体的服饰、四溢的激情、亲切的微笑、流畅的语言、优雅的动作、美好的旋律无不闪耀着美的魅力，如磁石般吸引着孩子们，使他们在美妙的情景中感受着美，体验着美，享受着学习和生活的美。

通过反思，我们体会到，无论哪门学科的教学都需要美。缺乏美感的教学，失去了师生间生命对话的勃勃生机，失去了对儿童幼小心灵的润泽，课堂教学便成了没有色彩、没有生气、没有情趣的机械活动。事实上，人类文明史的财富，本身就渗透着美，蕴含着美。我们的教学不仅是为了学生知识的习得，还为了丰富他们的精神世界。我们怎能把生气勃勃的教学活动串连成问答、压缩成概念、演变成习题呢？面对当时课堂教学的现状，出于对孩子的一生发展的责任感，我们寻找到了一个突破口、一个着力点，就是将艺术学科美的教学理念"移植"到其他各门学科之中。其具体操作如下。

① 凸显美的教学内容

以语文教学为例，在小学语文教材中，那些诗歌、散文、童话、寓言甚至常识性课文无不表现了美的人、美的事、美的景、美的理念。教师要善于用一双慧眼去发现并挖掘这些美的因素，让学生去感受文章所塑造的形象美、描绘的意境美、抒发的情感美或阐述的哲理美，使之深深地烙在幼小的脑海里，美化其心灵。

② 运用美的教学手段

以美为突破口，正是可以通过艺术的手段，如美术中的色彩、线条、形象，音乐中的节奏、韵律，表演中的角色、情节等丰富学生的表象，激活其思维和联想，其益甚佳。

例如品德与生活课，要对学生进行尊老、爱老的教育，教师倘若用讲解、告诉的手段，必然收效甚微。如果通过师生扮演角色，运用戏剧的直观特点，在"我想奶奶""我看到了妈妈向奶奶问好"等一系列教学手段中，进行行为训练，这样不仅内容是美的，形式也是美的。

③ 表达美的教学语言

在课堂教学中，美的教学内容、美的教学手段都要凭借富有美感的教学语言去体现。教学语言对儿童的感知活动、思维活动、情感活动都起着主导与调配的作用，儿童心中的琴弦，往往是通过美的教学语言拨动的。

对于这一点，学校的语文骨干教师深有体会。例如，王仕斌老师执教的《只有一个地球》，请听他的教学语言："文字背后是地球母亲的心跳，是地球母亲的呼吸。受伤的母亲，苍老的母亲，青春不再的母亲！此刻，我们什么都不用说了，而对母亲哀伤的眼神，我们，作为她的孩子，又该如何应答呢？这是地球的每个孩子都必须直面的问题呀！"学生听着听着，若有所悟，老师富有美感的语言让他们感到作为地球母亲的孩子，保护母亲的责任义不容辞。达到妙语虽尽而意蕴无穷之美感。

（2）以"生活"为源泉

生活是教与学的源头活水，叶圣陶关于"教育即生活，生活即教育"的著名论断给了我们提炼以深刻的启示。纵观我校的艺术学科教学，也充满了浓郁的生活气息。

学习打拍，低年级学生通常以拍手来体现强拍，拍腿拍肩来体现弱拍。然而这个练习到了高年级后，学生却对这种方式不再感兴趣了。罗净楠老师从我校大部分学生喜欢打篮球中得到启发，设计了这样一个教学环节：上课时带一个篮球走进教室，学生们一下好奇极了，一双双疑惑的眼睛都集于她一身。接着她问："认识这个球吗？"学生异口同声："篮球！""好，谁来试试？"请了几个学生上来逐一操作了一下，有的学生也按捺不住徒手拍起来。她抓住这个机会问他们，如果用拍球这个动作来体现强弱，会是怎样的呢？讨论开始，整个课堂弥漫着学生们积极参与的氛围。讨论的结果：拍球的动作为强拍，接球的动作为弱拍。这是体现2/4拍的动作，那如果是3/4拍、4/4拍呢？学生开始第二次讨论，分组进行。通过小组展示、学生自评后，最后达到一致结果 以右手拍为例（3/4拍），以拍球的动作为第一拍强拍，以接球的动作为第二拍弱拍，把右手接的球搁置到左手上为第三拍弱拍；（4/4）以拍球的动作为第一拍强拍，以接球的动作为第二拍弱拍，把右手接到的球向上抛为第三拍次强，再用左手去接右手抛的球为第四拍弱拍。这样一套用球表现的节拍操就形成了。

其实，各科教材中的内容都取材于生活，然而传统的"注入式"使教师忘却了生活这本"好书"，忽略了生活是广阔的多姿多彩的生动课堂，更谈不上将生活引入课堂，将教学内容生活化处理。事实上，无论哪一门学科的教学，只要教师能给孩子们一个实际的生活场景，模拟生活实践，将生活实践与课程融为一体，从生活中来，到生活中去，让学生"摸得着，看得见"，他们的智慧定然在其间被点燃，学习的主动性和积极性定然被充分地调动。

课堂教学生活化，就要努力使教学内容与学生的原有经验密切联系，激活已经存储在学生头脑中的那些与教学内容相匹配的相似之处。把课堂与生活的界限淡化。或者说，构建一个生活化的多维课堂，使学生乐学、主动地学，是培养能应对新世纪挑战人才的一种很好的教育方式。

（3）以"情感"为纽带

教育是充满情感、充满爱的事业，没有情感的教育是苍白无力的。情感会对儿童形成一种内驱力，使其主动投入、参与教学过程。

反思我校当时非艺术学科课堂教学的现状，由于教师片面强调知识传授，而忽略了情感渗透，使得课堂"理性的光芒在熠熠闪耀"，而"情感的荒漠在悄悄蔓延"，造成了教师与学生之间、学生与教材之间、学生与学生之间的距离与隔阂。这种"距离感"使学生难以形成热烈的情绪，难以主动地投入教学过程。

漫步艺术学科的课堂，但见教师或走下讲台，俯下身子，仔细聆听儿童稚嫩的童音，感受着闪耀的童心；或脸上挂着灿烂的微笑如春风拂面，包容着孩子不成熟的言行；或运用和风细雨般的语言，浸润着孩子的心田。整个课堂流淌着真情，洋溢着真爱。

艺术学科教师对教学中的"弱势群体"给予了特别的关爱，对他们在学习过程中点滴的成就都给予高度的评价，使他们树立自信心。四年级某同学，父母的教育方式不当，导致该名学生在生活习惯、学习态度、社会交往等方面都存在一定的问题，同学们不愿意接触他，他也自暴自弃。罗净楠老师接手这个班的音乐课后，主动与他谈心，帮助他分析问题的症结，确立改进的方向和信心。在每堂音乐课上，她都主动请他参与活动、回答问题，赞扬他的每一次成功。一个学期之后，这名学生的精神面貌发生了很大改变，改掉了不少坏习惯，同学们都愿意和他接触了。

所以，我们提炼出了"以情感为纽带"，让情感走入课堂，进入每一个学生的认知活动，缩短师生间的心理距离。

"以情感为纽带"的操作要领。

①师生之间要真情交融

师生真情的交融会形成教与学相互推进的合力，使教学活动在良好的人际环境场的作用下，在适宜儿童主动投入教学过程的心理世界中进行。

②教学内容与学生之间要引发情感共鸣

"教学内容—学生"之间情感的桥梁便是教师的情感。教材蕴含的情感是靠教师去传递，去强化，让学生随着教学过程的推进，入情、动情、移情、抒情。情感的纽带就联结、沟通、牵动在教学内容—学生—教师之间。

③学生与学生之间要学会合作

由于教师情感的调剂，教师对教材情感因素的挖掘并传递、影响着学生，以此顺势使学生在良好的学习氛围中相互切磋，相互交流，学会互补，学会尊重，非常有利于学生合作精神的培养。

（4）以"思维"为核心

科学研究表明，每一个大脑健全的孩子都蕴藏着丰富的甚至无法估量的资源，那就是人的潜在智慧。人潜在的智慧像矿藏一样，如果不被开采，终将埋在地下。我校的艺术实验研究进一步验证了，艺术教育对于人左右大脑并用的训练，特别是对右脑思维的培养有着独特的作用。在音乐教学中，学生对于旋律的感知，也有一个与右脑已有的表象进行联系、加工、改造的过程；在此过程中，学生对音乐旋律、集合图形的理解和时空概念的掌握得到了加强。同样，在美术教学中，学生首先要对实物或美术作品进行观察，形成相关对象的颜色、构造、线条等感知，把观察到的现象以表象的形式存入右脑，然后与右脑已储存的各种表象有机联系，进行加工、改造，从而得出对于相关对象的认识。

例如，我校的美术教师刘丽在辅导二年级学生上一堂续故事创作命题课《几只蝴蝶》时，以"蝴蝶被雨淋，给它们想个办法"为题，引导学生思考。学生展开想象，想出了许多办法：蝴蝶躲在花丛中；小姑娘看见了被雨淋湿了的蝴蝶，便邀请它到自己的伞下躲雨；它们飞进森林里躲在蓝精灵的蘑菇房里……在此基础上，学生进一步进行绘画创作。本课扣住主题，培养了学生在观察记忆自然景物中选材、组织画面的能力，提高了思维能力，拓展了想象创作，表达了主题思想。

小学阶段是人的潜在智慧发展的最佳时期，不仅是艺术学科，其他各门学科教师在教学活动中都应当有意识地发展儿童的思维，开发儿童潜在的智慧。

例如语文教学，若能从课文出发，或改变体裁，或改变人称，或互换角色，或续编故事，或抒发感情，或阐述道理。从语言形式讲，有独白，有对白，也有多角色的表演，灵活运用已学的词、句、篇、修辞手法。又如数学教学，"一题多解""自编应用题""探究公式的发现"等，都能使儿童的创造性思维得以发展。

由此，我们构建了"以思维为核心"促进儿童素质发展这一核心，设计组织教学过程。

（5）以"活动"为途径

在对艺术教学成果的提炼中，我们发现，活动进入课堂，特别受学生的欢迎，极大地激发了他们的学习动机，使他们感到无限快乐。他们似乎发现了自己，主动参与、主动探索、主动思考、主动实践的热情高涨。

例如音乐欣赏时，理解"回旋"曲式是学生学习的一个难点。我校音乐教师罗净楠在教学生学习"回旋"时，设计"让几个学生组成队形，另外几个学生不断在其中穿插"这种形式的活动，让学生体会"变中有不变，不变中有变化"的道理，从而深刻地理解了音乐结构的"回旋"曲式，在轻松快乐的游戏活动中突破了难点。

无论是语文还是数学乃至于其他学科的知识，从宽泛的意义上来说，都起源于人的活动：是人的活动产生了语言文字和数学，又是人的活动推动、发展、完善了语言文字和数学。例如，语文教学就有观察活动、体验活动、表演活动等；数学教学则有观察活动、探究活动以及比画、拼接、测量等一系列的操作计算活动。

以语文学科中执教《两个铁球同时着地》一课为例，当学到"伽利略面对世俗和权威的挑战，成功地做完试验后坦然走下比萨斜塔"这一部分内容时，为启发学生的想象，一般的教师通常会设计成"问答式"——教师问学生当时斜塔下的人们会怎样想、怎样议论，然后请学生回答。其结果是只有个别性格开朗、举止大方思维活跃的学生勉强作答。但如若将这一设计换成活动的形式，效果就大不一样了——教师借助多媒体创设情境，模拟现场，将时空置于400多年前的意大利，让全体学生参与教学，或扮演现场那些世俗的旁观者议论纷纷，或设置比萨市新闻媒体现场采访，或扮演伽利略挑战权威亚里士多德成功后仍保持科学家的从容豁达……教师通过设计活动的形式为学生提供了充分展示自我的舞台，学生群情激昂，思维异常活跃，连平常不爱发言的学生都有精彩表现。

科学研究也表明：人的发展是在活动和相互关系的过程中进行的。学生，尤其是小学生，在他们身体迅速成长的时期，往往也是通过自身的活动，去认识世界、体验生活、学习本领的。于是，我们提炼出了在课堂教学中"以活动为途径"促进儿童发展这一带有共性的教学理念。

（二）构建推广机制，探索推广策略

几年来，在推广艺术教育成果研究的探索与实践之前，我们确定了研究工作的总思路、总目标和基本策略。

总思路：通过理论学习，实现理念的更新和提升；通过理念的更新与提升，实现有效的实践探索和行为反思；通过实践探索和行为反思，实现学科教学和教育管理方法、策略和手段的改进；通过方法、策略和手段的改进，实现学科教学和教育管理绩效的最优化。

总目标：以提炼的学校教学成果理念为指导，优化教育资源配置，逐步创建21世纪优质教育学校。

基本策略：滚动式推进，螺旋形上升，逐步扩大研究成果。

回顾几年来的实践历程，课题可以概括为以下几个阶段。

1. 调研摸底，做好推广准备

原成果提炼筛选后，其实施的首要前提是深入调查研究，摸清现状，了解实情，发现问题。

在我校教学成果推广工作之前，学校成果推广领导小组拟定了"通川区七小教学成果推广问卷调查"，分别组成了3个调研小组，深入年级组、教研组、教师及学生，采用问卷和座谈的形式，对我校的教育教学工作进行了全面而深入的分析研究。最后发现：尽管我校在艺术教育实验的探索中取得了丰硕的成果，收到了广泛的社会效益，但也清楚地看到了不容忽视的现状和存在的问题。

2001年3月6—7日，学校分别召开了语文、数学、艺体等综合学科教师座谈会，组织这几次座谈会的是学校成果推广领导小组。课题组主研王仕斌副校长主持了会议，他说："这么多年来，学校的艺术教育取得了显著成果，积累了丰富的经验，我们要把它发扬光大，使学校各方面工作再上一个台阶，请大家谈谈自己的想法和看法。"座谈会在异常轻松愉悦的氛围中进行，大家踊跃发言，各抒己见。现摘录要点如下。

语文教师李培秀：要说推广艺术教育的经验，到目前，我们对学校艺术教育的先进教学经验还不曾了解，所以谈不上推广和发扬光大。是不是让他们上几节课让我们听一听，把他们的好的东西进行推广，让我们看得见，摸得着，使我们对他们的好的东西学有榜样，无论从观念、教法都有一个深入的了解。

毕业班语文教师陈昱：在语文等学科中实施艺术教育不够乐观。因为目前的评价机制还不可能允许我们这样做。特别是高年段，升学的压力很大。我们没有过多的时间去研究怎样在学科教学中实施艺术教育。艺术课是让学生在快乐中学习，如语文教学中过多地让学生在活动中去学习是否能提高教学质量，是否能让学生真正在愉悦的环境中学有所获。

数学教师李开芳：我校的艺术教育之所以打响，是因为我们很注重艺术活动，如每年的"六一"艺术节，我们都有大量的节目，还有合唱团、器乐合奏。其他学科如果也像这样多搞一些活动的话，相信也能打响，如今英语已意识到这一点了。那么，我们的数学，可不可以利用一些活动推出一些优秀的学生。

英语教师雷丽：艺术教育与英语肯定有共性，教学中的说、唱，要求教师能说、唱、跳。体育活动的基本功也需要教师具备，借助肢体语言，动作表演，增强理解记忆。

……

我们共召开了三次这样的座谈会，课题领导小组都努力营造轻松的氛围，让教师们毫无顾忌地畅所欲言，以提高信息素材收集的准确性。而每次座谈会，对推广本校教学成果这件事都引发教师们的争鸣。调查结果我们整理后发现，主要有以下问题：

（1）有的教师不知道艺术教改取得了有价值的成果或者知之甚少。

（2）有的教师知道艺术教改成果但对其成果的价值内核和蕴含理念不理解。

（3）部分教师对艺术教改成果持不接受观点。

鉴于以上情况，推广领导小组经过反复磋商，结合教师座谈，制订了《通川区七小教学成果推广方案》。方案中部署了推广成果的下一步工作，并在我校教学工作会议上宣布后实施。

2. 宣传培训，传播推广理念

学校教学成果的推广，首先必须树立新的观念，做好舆论宣传引导工作，确保推广工作真正落到实处，这是做好教育工作和其他工作的优良传统。特别是学校教学成果推广对于我校教师而言，是一个新事物，教师、行政人员、教辅人员、学生等会有不同的反应和认识，因此应做好思想的宣传发动工作。在推广开始前，推广领导小组大力宣传，使学校艺术教育成果的内容和有关思想、观念深入每一个与推广有关的人心中，让他们了解推广的具体内容和操作程序，有效地消除推广实施过程中的阻力，也消除了因推广形成的教师心理因素干扰造成的消极影响，使推广的功能得以正常的发挥。主要做法如下。

（1）进行主题大讨论。校推广领导小组认真组织领导干部、教师学习和讨论学校教学成果推广工作的必要性和重要性，围绕"推广方案"，通过干部座谈会、教师动员会、主题教研会等多层次、多形式引导全体教职员工知晓和关注推广工作，促进自身的发展，使成果的推广理念深入人心。

宣传普及相关知识。针对教师中出现的迷惘、急躁甚至不理解的心理，校推广领导小组充分利用学校科研简报、墙报、宣传栏和学校网站网页等媒介，加强宣传教育，大力普及有关知识，开辟专题讨论，邀请知名专家、学生代表一起讨论，提高认识，形成合力。在宣传内容上，校推广领导小组设置了一些固定的栏目：①学校教科研成果推广信息报道；②学校教学成果介绍；③教师在报刊上发表或在上一级论文评比中获奖的相关论文选登。此外，校推广领导小组还开设了一些不固定的栏目：校内外与我校推广的相关课题成果选登；校成果推广进程中的热点问题探讨等。

（2）加强全员培训。校教学成果推广指导小组加强对学校领导、老师及有关人员的培训，对具体的目标、内容、实施、评价等方面组织专场培训，加强沟通，增强可操作性，并有效地减少实施初期由于对方案的不熟悉所带来的混乱和不适，确保顺利取得理想的效果。

为把培训学习落到实处，校教学成果推广指导小组成员编辑了《通川区七小教学成果集》。其内容融入了艺术教育教学成果提炼出的理念，充分体现了其蕴含的教育教学思想，助力全体教师把握此成果的理论体系、观念系统。因为人的思想观念、价值取向决定人的行为方式。我们就从理论学习入手，确定理论学习阶段的具体目标：全面把握小学艺术教育成果的理论体系，不断感悟其理论内涵，深刻领会其理论精髓，深度内化其理论灵魂。三年扎实有序、丰富多样的学习活动，带给教师们的是对成果推广的认识和理论的把握。我校的领导、教师从根本上转变了以传统狭隘的教育观、以传授知识为目的的传统教学观和以考试分数为衡量标准的片面的人才质量观，充分认识到教学成果的推广，是对自身教育思想的一次洗礼，它有利于教学改革，有利于提高教学质量，有利于提高学生的素质。

3. 点面试验，普及推广成果

任何新措施的实行，都会有一定的风险。我校教学成果推广的方案和内容，是在对原校内教学成果进行筛选、提炼，并吸收、借鉴国内相关成果及当前教改理论，结合本校实际情况制订出来的。虽然多次征求市区教研部门的专家意见、几易其稿，才得以出台，但在具体实施时，我们还是非常谨慎，希望从点开始，组织试验，由点及面，在总结经验的基础上再全面铺开。

我校教学成果推广的实践是从课堂教学开始的。课堂教学实践如何滚动呢？我们的做法是先在语文学科推广再普及其他学科，先选两个试点班级实验再普及其他班级，先让几名骨干教师带头再普及其他教师。经过仔细论证，我们最后选择了四年级的一、二班作为试验班，配备专门的指导教师和学科骨干教师，大刀阔斧地开展课堂教学改革工作。针对实验班学生学习缺乏主动性、创造性、不爱思考、学习效率低下的困难和弱点，校教学成果推广指导小组开展了一系列教学辅助工作来指导实验教师。具体做法如下：在课堂上实施教学互动方案，其操作步骤为示范观摩→现场说课→专家点评→推广尝试→教后反思→体验创造，即让取得成果的学校艺术学科教师现身说法——上成果观摩课（指与课堂教学联系密切的成果），课后举行座谈，让执教者说课，讲课时主要针对那些能充分体现原成果理念的设计环节谈实践体会，这是教科研成果推广最有效的见证；然后请专家评课；接着让实验教师试着用推广的理念设计教学，组织教学，上研讨课；课后进行反思；教学成果推广指导小组收集学生的反馈信息，进行对比分析；最后让实验教师再行实践，在体验中再创造。

在实践尝试阶段，我们不断运用我校艺术教育的成果理念去审视、反思和改进教学行为，提升主体精神，激活创造欲望，努力追求教学行为的理性和科学，形成一批可供借鉴的课堂教学的典型案例。

实验初见成效增强了我们的信心。开设实验班不久，我们也进行了另外一些试点，比如一年级各选一个班级进行实验，取得成功后在全校所有班级中铺开；然后迅速在全校范围内推广，鼓励其他教师积极参与到成果推广活动中来。

通过以上推广实践的有益尝试，我们得出了以下结论：做好教学成果的推广工作，首先要做到"三先"（见图2-2），即调研先行、舆论先行、实验先行。"三先"是落实推广工作的前提和基础。

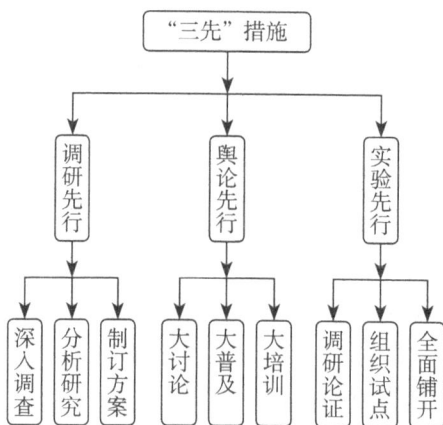

图2-2　校成果推广"三先"措施简图

4. 健全制度，保障推广效果

在课题实施的很长一段时间里，由于配套的制度没有健全，整个工作处于无序状态，教师中逐渐出现了无所适从的现象。

鉴于此，课题组认识到"无规矩不能成方圆"。制度保证从根本上来说，就是使学校教学成果推广工作有章可循，从无序变为有序，为活动开展提供指引。假如没有制度保证，会让人感觉无所适从，乱了章法。整个推广过程几乎涉及学校的各个部门和各种资源，因此，学校领导高度重视，设立了一个常设的推广组织机构，并指定两名校级领导负责，统一协调与推广有关的各项工作，制定推广过程中的工作指引，规范活动，防止在推广过程中可能出现的偶发现象，消除各种负面影响，使推广实施活动能够按部就班地开展下去。

在制度建设上，我校主要把握下面几点。

（1）纳入学校整体教育计划。先后制定了《通川区七小教学成果推广的实施意见》《通川区七小教学成果推广制度》《通川区七小课题实验教师的培训制度》《通川区七小交流研讨制度》等若干个配套文件和中长期规划，对成果推广的指导思想、方针原则、目标要求、形式内容、方法途径、时间要求、成绩考评、工作量计算、奖励办法、组织领导及有关政策都做了明确规定，并随着教学改革的发展不断加以修订，使活动贴近学生培养工作的发展实际，做到有章可循，有效地促进了此项工作的规范管理。

（2）形成一套规范化程序。在活动准备阶段，对推广的内容、形式、时间等都做充分、细致、具体的规划和统筹安排，从落实实施项目、组建实验班、组织培训到动员和必要资料、器材准备都环环相扣，扎实周密；在活动实施中，按照活动计划，有领导、有步骤地进行，同时充分考虑到活动中的实际情况，创造性地完成活动计划，并制定必要的检查制度，采取有效措施，加强对推广组织实施工作的指导和检查。

（3）完善活动信息反馈机制。及时了解、掌握各个阶段的进程和各项具体活动开展的详细情况，以便教学成果推广指导小组动态把握进展情况，及时安排部署。

5. 名师跟踪，加速推广进程

在推广的前期，由于参与推广的实验教师虽经过培训和学习，但对原成果理念的内核短时间内还没有完全领会，导致推广工作进展缓慢。我校召开会议，大家达成共识：师资是校教学成果推广的智力保证。师资是关系到推广活动能否顺利开展下去的重要因素，因此我校十分重视，积极探索，主要做到以下几点。

（1）配备优秀教师跟踪辅导。采取各种措施鼓励原课题主研中的优秀教师和其他学科骨干教师参与到成果的推广过程中来。同时积极创造条件并通过政策激励成果突出的艺术学科教师参与推广工作的指导、研究和实践活动，以此来推进成果的推广进程。现在，我校的各项活动特别是教学竞赛活动，如"教师基本功竞赛""教师科研课题立项""课堂教学研讨""送课下乡"等都配有专门的教师指导。

（2）激励全体教师踊跃参与。让全体教师了解推广理念，提高认识，树立以改革来推动推广工作的开展，同时不断通过各项政策和措施来激励全体教师参与推广活动的积极性，促进推广质量和师资水平的提高。

（3）聘请校外专家全程指导。为了广泛争取校外专家的大力支持与参与，我校邀请了市教科所旷明所长等担任推广工作的特聘顾问，争取他们积极参与成果推广的指导，为我们的推广工作提供智力支持。

6. 目标激励，保持推广动力

虽然很长一段时间以来，实验教师参与的积极性很高，学校的推广工作进行得如火如荼，但由于教学成果的推广有别于一般的常规性教学活动，多年的教学经历使部分教师习惯于按部就班，推广一遇到困惑就打退堂鼓，出现消极应付的心理，加之我们的激励机制总是停留在以精神鼓励为主、物质奖励为辅的层面上，实践证明，这种模式也应当与时俱进，适当进行改革。所以，学校在制定推广活动激励机制的时候，充分考虑到这一点，从而树立新的激励观念，在继续精神鼓励的同时，加大物质奖励的力度，以充分调动全校教师的积极性，使推广活动蓬勃开展。

目前，我校的奖励机制已初见成效，其具体做法是：第一，建立评价体系。建立评价体系是进行激励机制的基础，也是进行价值判断时的依据。对于教师，运用评价和奖励的方法形成激励和竞争机制。通过正确的评价，奖励推广工作中的优秀者，使他们获得校级、省级、国家级优秀教师、先进工作者称号；对于学生，大胆实验和完善各种有益于优秀人才培养、因材施教和搞活推广的措施，激励学生尽早成才。实施优秀学生奖励制，形成充分调动学生学习积极性的竞争机制，为优秀学生脱颖而出，为具有不同才能的学生的发展创造条件。第二，完善激励机制。学校制定一系列政策措施，激励竞争，鼓励发展。对教师参加推广活动定内容、定任务、计工作量；学校制定规划和考核措施，制定了《通川区七小教学成果推广评比条例》，每年开展先进集体和先进个人评比，给予表彰奖励。例如，每年我校都召开科研成果推广表彰大会，奖励该年度取得科优异成绩的指导教师和实验教师，奖励每人300元。第三，实行推广"四挂钩"制度。

（1）与课堂教学达标创优活动相挂钩。活动注重针对性，向每位老师开出教学建议单，并在深刻反思后填写教后思考表。活动注重激励性，让优课教师每人上一节观摩展示课，推出"品牌"，打出旗号，既能使这些教师获得成功的情绪体验，又能对他们进行一种无形的激励，激励他们勇于改革，不断进取，同时又能起到示范、启迪和导向作用。学校还为他们发证书、发奖金，在精神和物质上进行表彰奖励，并组织外出学习考察活动，使他们向着更高的层次跃进。活动过后，学校层面进行了认真的思考、研究，回顾总结，形成了《通川区七小关于优化课堂教学过程基本要求》20条，深刻地体现了推广理论内涵，引领教师课堂教学实践朝着正确方向发展，纳入正确的轨道。

（2）与教科研活动相挂钩。我们认为，一所学校要有发展的后劲，要实现可持续发展，必须以教科研为依托。因为教科研能提高教师的理论素养和教育教学能力，使教师实现跳跃式的成长和发展，也为学生的良好发展提供前提条件，提高教育的生产力，实现教学绩效的最优化。

（3）与优秀教研组的创建活动相挂钩。①合作制订教研组计划。由教研组组长和组员们一起根据学校的推广要求、教研室的要求和本年级学生特点、知识与能力状况，制订相应的活动计划。②确定研究专题。透析课堂教学现状，确定艺术教育推广理念指导下的课堂教学专题，使之具有针对性。③集体备课。先各自备课，再集体交流设计意图、理论依据，然后根据班级学生的实际情况进行修改。④合作上研讨课。每学期安排上一定量的研讨课，一人执教，众人参与，共同研讨。过程重构，一课多上。

（4）与校本培训活动相挂钩。课堂教学是学校教学质量的落脚点和归宿点，课堂教学效益的好坏、质量的高低，直接影响着学校的教学质量和素质教育的进程。活动之一是上好课，我校的做法是：①提出要求。每学年每位教师上两节研讨课，一节是一般研讨课，一节是校级以上研讨课。通过对一堂课的精心准备，按推广理念的要求对原有的教学认知，对教学观念和教学行为做出深刻反思，努力使这堂课成为自己教学能力成长过程中的突破点，真正折射出推广的新理念、新要求。逐步做到课后的说课和答辩有理论、有思想。②增加机会。A.教研组适当增加研究课的比重；B.学校由学科负责人落实，按语、数、外、其他学科四个条块开展课堂教学研究活动；C.开展学科教学评比活动；D.开展"教学能手"评选表彰活动，出刊《教学能手事迹材料集》。③采取强化措施，与年度考核挂钩。

在活动中，学校还汇编了《优秀讲座集》《优秀论文集》《优秀课题集》《优秀课件集》《优秀教案集》《优秀案例分析集》，激励教师深入研究，提升活动质量。

通过以上推广实践的有益尝试，我们得出了以下结论：做好教学成果的推广工作，首先要做到"三先"，其次要做到"三保"（见图2-3），即制度保证、师资保证、激励保证。"三保"是我校教学成果推广实施的重要组成部分，从形式规范、智力支持、物质扶持等三个方面为成果推广保驾护航，是我校落实推广工作的重要保障。

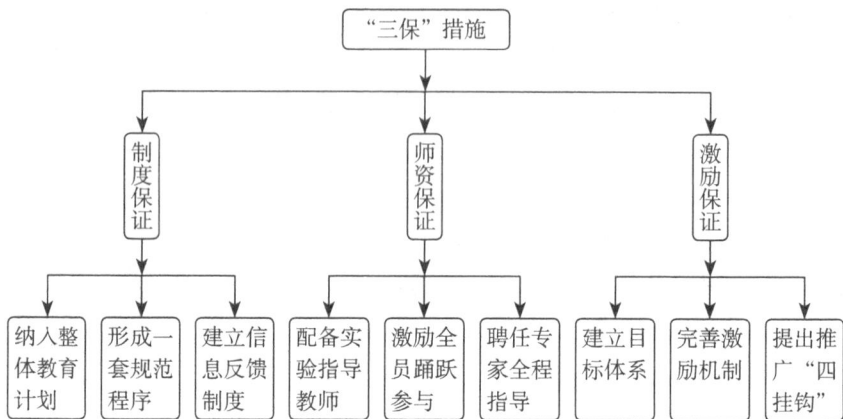

图2-3　校成果推广"三保"措施简图

7. 加强管理，提高推广效益

在学校成果推广工作实施之前，各学科教学活动的内容是孤立的，没有什么必然的联系，学科间缺乏渗透、整合。

学校在这方面的具体做法如下。

第一，突出教学工作计划的拟订。为了配合学校教学成果推广工作，我校重视教学计划的编制和更新。教学计划是学校人才培养的指导性文件，直接影响到学生培养的质量和目标。为此，学校根据推广成果的理念及各年段学生的特点、各学科的特点，对教学计划进行修订。每年教学计划的修订均经过校长办公会、教学成果推广领导小组会、教学成果推广指导小组会、各部门会、教研组组长会等各个环节，层层把关，最后形成比较合理的方案并付诸实施。教学内容中对成果推广的指导思想、形式内容、方法途径、成绩考评等都做了明确规定，有章可循。

第二，加强课堂教学的过程管理。建立校成果推广理念指导下的各学科课堂教学评价体系。其指导思想是校成果推广理念，我们先后拟定《通川区七小语文课堂教学评价标准》《通川区七小数学课堂教学评价标准》《通川区七小英语课堂教学评价标准》《通川区七小综合学科课堂教学评价标准》。对各门学科教师的教学要求从设计到实施再到反思都必须体现这一指导思想，使教师们领会其操作要求，工作有章可循。

第三，强调学科教学活动的协调。这主要针对的是学科教学间的渗透和整合，把各学科的教学活动有机地结合起来，统一计划，协调安排，做到互相渗透、互相促进、互相配合，相得益彰。

例如，我们要求让艺术走进各门学科课堂，以图画再现情景，以音乐渲染情景，以表演体会情景；要求艺术学科和数学学科也要注意人文素养的培养和语文表达能力的训练；庆元旦组织文艺活动，在形式和内容上要考虑到学科的渗透，从节目的整体规划到一个节目中细节的创意，都力求体现这一思想。

8. 改进形式，激活推广策略

我校在推广工作的前期所做的宣传动员、各种培训深入人心。但在具体的形式上，我们考虑到，随着推广工作的有序推进，成果推广的形式也应与时俱进，富于变化，让教师乐于接受。

我校的具体做法如下。

（1）召开成果推广现场会。学校每学年召开一次成果推广现场会，由学校成果推广领导小组直接负责召开。对于在推广会上交流、推广的内容，课题组进行了认真筛选。交流推广前事先布置，认真准备，印好交流材料，做到人手一册。

教学成果推广会的内容包括四项：①学校艺术教育成果材料展示。布置参观室，展示教科研成果，如照片、奖状、课题档案材料等。每个课题建立一个材料档案袋，档案袋内必须有课题方案、课题相关背景学习材料、课题研究过程的体会及论文、课题研究过程的典型案例、课题研究取得的成效凭证、课题活动大事记、课题结题报告等。②教学成果汇报课。就是让取得教学成果的教师上成果实践课（指与课堂教学联系密切的成果），一般把上课放在开会之前进行，那些既能充分体现推广成效，又能结合课堂教学得以展示的课题实践课是成果推广最有效的见证。③有关领导讲话并颁奖。主要谈对教学成果意义的认识及对开展此项活动的建议。④取得教学成果奖的教师汇报其成果。

总之，我校教学成果推广内容立足于本校，并适当引进，有目的、有重点地推广成果的价值、效果、操作方法、评价等方面信息，引起了广大教师对成果的注意，产生了接纳的愿望。

（2）开报告会。我们先后聘请了市教科所相关人员做了"教学成果推广的意义""艺术教学成果的理论体系""走近新课程""学校管理""校园文化建设""教科研基本方法"等贯穿推广理念和课程改革理念的学术报告。生动而又精彩的报告给教师们带来的是教育最前沿的大量信息，教师们感到赏心悦目，这无疑为他们加快感悟和内化推广理论内涵起到了积极有益的推动作用。

通过以上推广实践的有益尝试，我们得出了以下结论：做好教学成果的推广，除了前期工作中要做到"三先""三保"外，在实施的过程中还要做到"三改"（见图2-4），即目标改进、内容改进、形式改进。"三改"是推广活动实施的核心。整个活动的开展，也是从原有的艺术教育成果中提炼出其他学科带共性的教学原则和教学操作规程，重整为一个有利于学生成才的体系，达到全面育人的目标。

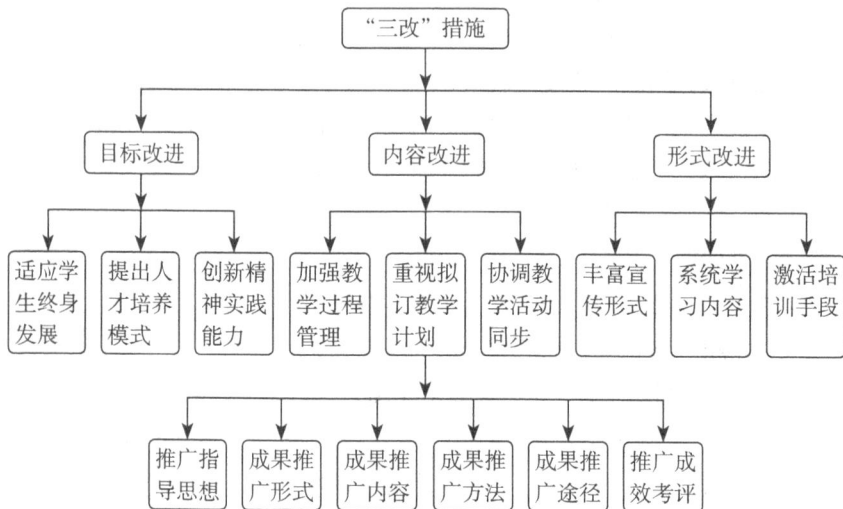

图2-4 校成果推广"三改"措施简图

四、理论成果

（一）形成了对学校教学成果推广的基本认识

周林等认为："推广是指经过科学评价和实践检验给予肯定的教改经验成果，有组织地不断传播、扩散、应用、普及、转化，使其在接受推广的对象（受体）的头脑中内化、升华，达到由部分到整体掌握教改经验成果，转变其教育思想、观念，优化其教育行为，进而不断修正、补充、丰富、完善、创造性发展原有成果，在一定的时空范围发挥其作用并取得相应效益，'推而广之的动态过程'。"由于这一论断对教育科研成果推广中的"推广"一词做了含义深刻而全面的阐释，便成为我们推广本校教学成果的理论认识基础。

基于以上观点，我们认为，对学校教学成果的推广具有以下特点。

1. 科学性

被推广的内容应该是指经过科学评价和实践检验给予肯定的教改经验成果。因为推广是一种有组织的行为，其时间周期较长，若推广的内容没有经过科学评价或检验，其本身的风险性将无法保证其价值、效益的实现，反而会浪费大量的时间、人力和财力。我校的研究和实践，是以已经取得的艺术教育成果为案例进行的推广研究，具有一定的科学性。

2. 组织性

推广是一种有组织的科研行动。在较大区域范围内推广某项教育科研成果，需要教育行政部门和学校有目标、有计划、有步骤地实施，参与者不只是涉及少数学校、少数教师，而是涉及该区域范围内每一所学校和与该项成果推广有关的每一个人。它要求调动全体师生员工全员参与和主动配合，形成合力，使成果推广成为学校工作的主要任务之一。因而推广具有组织性。由于我校推广的是本校的教学成果，其区域虽不大，但仍需要学校组织有专门机构、有负责人、有班子成员和参与对象。

3. 渐进性

由于教学成果推广的过程本身也是一个研究和创造的过程，其间有经验的积累，由于诸多不确定因素的影响，也会有失败的教训，为此，其组织和实施应是在接受对象中先由部分实验后再整体推广，使其掌握教改经验成果，转变其教育思想、观念，优化其教育行为。

4. 渗透性

推广教育科研成果，实质上是将教育科研成果所具有的潜在的生产力转化为教育实践中现实的生产力，转化为教育实践的现实效益。教育科研成果的转化是以改变人的观念、调整人的思维、培养人的能力为前提的。它要求教育实践者们接受新的理论、思想、观点和方法，在"头脑中内化、升华，达到由部分到整体掌握教改经验成果，转变其教育思想、观念，优化其教育行为"，从而实现教育科研成果的转化。而人们对某一教育理论、教育思想、教育观念的接受、理解、掌握和内化，不可能一蹴而成，往往需要经过学习、试行、比较、对照，逐渐将其内化为自身的认知结构，进而融进自己的教育实践活动之中，使教育实践活动得到改善。这个过程是教育科研成果对教育实践者缓慢渗透的过程和反作用于教育实践的过程。

5. 开发性

周林等人指出，"推广过程总是伴随着一个教改研究过程"。一方面，任何一项教育科研成果都是在特定的条件、环境下产生的，推广是将彼时彼地产生的经验成果拿到此时此地来运用，成果产生区域的条件、环境和推广区域的条件，环境永远不可能是同一的，在时空上明显地存在着差异。推广时，要认识到这种差异，要研究如何改变这种差异。另一方面在如何组织成果的"传播、扩散、应用、普及、转化"以及"修正、补充、丰富、完善、创造性地发展原成果"等方面，都需要进行科学研究，需要对原成果进行制作和再创造。因此，教育科研成果的推广过程，是一个再研究和再创造的过程，是一个开发性研究的过程。

6. 开放性

推广教育科研成果的过程，是一个动态的发展过程。在这个过程中，并不是简单地模仿某一项成果所提供的具体做法，而是通过对该项成果所体现的教育思想观念与内在的含义的学习，来把握该项成果；也不是简单地用某一个教育科学理论去解决某一个具体的教育现实问题，而是从了解原成果研究者的思路和成果所蕴含的教育思想入手，来学习教育学、心理学的新思想、新观念，并用这些观念来指导教育实践活动。也就是说，推广某一科研成果，并不排斥在推广过程中学习、吸收其他理论和成果的精华。只有使"推广"保持开放性，才能不断为"推广"注入活力，使"推广"充满生机，充满活力，得到发展。

（二）分析了影响学校教学成果推广的因素

为什么教学成果本来是有价值的、适用的、有效的，却难以推广呢？课题组结合本校实际，经过反复研讨，一致认为教学成果推广的问题是一个具有重大理论意义和现实意义的课题。推广涉及的问题极为广泛，只有深入探讨这些问题，才能对此项工作有积极的作用。为此，我们对影响教学成果推广的教师心理因素进行了剖析。

1. 思维定式的影响

据心理学分析：思维定式是指由一定的心理活动所形成的准备状态，决定或影响同类后继心理活动的趋势或形成的现象。在此课题研究之前，我校很大一部分教师走惯了老路，墨守成规，满足于凭旧知识、旧经验及思维方式来进行教育教学工作，跳不出框框的影响，不愿接受，也看不惯新事物，习惯于刻板照章执行的一套，缺乏创造力，因而对本校的教学成果推广持消极、搪塞的态度。

2. 不平衡心态的影响

由于我校在艺术教育的探索中率先迈出一步，其他学科中有的教师产生不平衡的心态，对获得的成果有一种不服气的想法，甚至持有偏见，他们自认为若各方面条件与获得成果的学科相仿的话，也会搞科研，而且搞起来决不会比别人差。抱着这种心态的教师，往往对推广持抵触情绪。

3. 自卑情结（自卑感）的影响

自卑情结指个人感到有身心缺陷，产生轻视自己，并采取补偿措施的现象。持有这种心态的教师，总认为自身素质差，无论怎样做也不可能超越他人，因而缺乏自信心，轻视自己，认为能太太平平就不错了，因而根本不考虑接受推广。

4. 自尊情结（优越感）的影响

这是指对自卑情结的补偿机制，我校有些教师过分感到自己各方面条件比其他人优越，认为艺术学科是边缘学科，语文、数学才是主科，因而对别人取得的成果往往不屑一顾，眼高手低，总认为别人的成果层次低，没有什么值得自己学习的，当然就不愿接受推广了。

5. 意志薄弱的影响

有的教师知道推广会促进本人的教改，因此愿意推广，但在推广的过程中，不能持之以恒，遇到困难时便畏缩不前，意志薄弱，贪图省力。他们在推广中依赖性较强，使推广偏向或走样，有的甚至草草收场。

基于以上现状分析，推广领导小组认为，推广学校教学成果，充分发挥其价值和效益，必须从学校和教师的实际出发，遵循一定的原则。

（三）探讨了学校教学成果推广应遵循的原则

基于以上原因，课题组经过反复论证，归因分析，提出了学校教学成果的推广应遵循以下五个原则。

1. 实践性原则

所谓实践性原则是指推广要从学校和教师个人以及学生的实际出发，不生搬硬套，不要求整齐划一，允许百花齐放，百家争鸣。因为艺术学科与其他学科的教学既有共性也有个性，加之教师与学生的实情不同，基础不一，所以，我们在推广时，一切从实际出发，找准个体的优势，诊断主要问题，选择突破口。

2. 整体性原则

所谓整体性原则，是指推广要使本单位的工作得到整体提高。就我校而言，通过艺术教学成果的推广，力求使各项工作都达到一定水准的基础上，创出自己的特色来。我们选择以优化各学科课堂教学为突破口，以此从整体上带动、提高学校各项工作的总水平。

3. 发展性原则

在推广时，我们不仅把艺术教育教学成果在更大范围（诸如其他学科教学和教育实践活动）中进行验证，而且通过更多的实践，不断丰富、完善和发展原成果的理论和实践。此外，我们还提炼出原成果对于指导其他教育实践活动具有的联系、本质和规律，从整体上提高办学水平。

4. 指导性原则

在推广时，学校成果推广小组加强了对应用成果的教师的指导，不光是号召，而且加强具体指导，使之奏效。首先指导应用成果的教师学习原成果，其次指导应用成果的教师，从本人的教学实际出发，选准推广的突破口。

5. 主体性原则

学校教学成果的推广，涉及学校教育教学管理各级各部门，需要相关部门人员的协调配合，特别是需要学校教学、科研、学生工作等相关部门的相互协助。

要真正贯彻落实此项工作，学校必须遵循主体性原则，使他们充分认识教学成果推广的重要性、必要性和迫切性，充分调动教师、学生及教育管理干部的积极性、主动性，协同完成推广工作，以形成全员积极参与整合、共同实现育人目标的良好局面。

五、操作成果

（一）总结出学校教学成果推广的策略

几年来，在以艺术教育成果为推广案例的研究的探索与实践过程中，我们以积极乐观的态度、求真务实的精神总结出了学校教学成果推广的基本策略。

（1）摸底调研，做好推广准备。

（2）宣传培训，传播推广理念。

（3）点面实验，普及推广成果。

（4）健全制度，保障推广效果。

（5）名师跟踪，加速推广进程。

（6）目标激励，保持推广动力。

（7）加强管理，提高推广效益。

（8）改进形式，激活推广策略。

其中，摸底调研，是做好推广工作的基础；宣传培训，是推广实施的前提；点面实验，是提高推广效益的途径；健全制度，是推广顺利进行的有力保障；名师跟踪，是指导加速推广的条件；目标激励，是保证推广持久的源动力；加强管理，是推动成果推广的关键；改进形式，是激活成果推广的催化剂。

（二）探索出优化教学成果推广的措施

第一，宣传形式多样化。校刊和简报是我校推广艺术教育成果工作的主阵地，我们创办了《通川区七小教育科研简报》（简称《简报》），宣传推广取得的已有教学成果。《简报》根据不同内容，设有一些固定栏目：①学校教学成果推广活动信息报道；②成果推广研究过程中相关论文选登；③教师在报刊上发表或在上一级论文评比中获奖的相关论文选登；④反映推广过程的本校师生作品选。此外，《简报》还设一些不固定栏目：①校内外与我校推广的相关课题成果选登；②教育教学热点问题探讨等。

第二，学习内容系统化。伴随着知识经济的出现，终身学习的思想观念正在变成社会及个人可持续发展的现实要求。我们要求老师们在理论学习上以学校的艺术教学成果理念为核心，广泛吸收符合课程改革的思想精髓，兼容并蓄，提高整体理论修养。并向老师们提出学习要求，安排时间、挤出时间开展读书活动，把读书学习作为生命活动不可缺少的部分；多读书，读好书，养成不动笔墨不读书的习惯，做好摘录笔记，撰写体会文章，使自己学有所获，学有所得，学有所助，学有所成。

第三，培训手段情趣化。我们培训的形式不都是讲课，而是辅之以其他各种活泼、富有趣味的内容形式，把娱乐、教育、认识，作用有机结合起来，如结合艺术教学成果培训，安排教师观看有关的多媒体课件、录像及课题成果材料等。这样的培训学习使老师们感到不单调、不空洞，而且印象深刻。

第四，效果检测常规化。成果推广领导小组对教师教学成果理念学习内容和推广工作适时进行测评。通过学习内容和推广工作的有效测评才能获悉工作进展及效果。测评在教科研成果培训中具有的导向、激励、反馈、调节作用，我们采用了口头提问测评法、书面问卷测评法等。

（三）构建了符合推广理念又适应学科特点的课堂教学评价体系

研究中，我们认识到直接用学校系统来衡量和评价课堂教学状况有难度，可操作性不强，因此，迫切需要一个与原教学成果中提炼的观念系统相匹配的衡量和评价课堂教学状况的二级指标系统，我们对原成果理念指导下课堂教学描述性评价指标体系进行了初步构建，整个评价体系概括为"六性一化"，评价一堂课的好坏，要看"六性一化"体现得如何。其具体内容如下。

1. 教学目标的发展性

教学目标的发展性，要看教学目标的制定是否体现了新课程提出的"知识、能力、情感态度与价值观"三方面的要求；能否促进学生在自主性、主动性和创造性等方面的发展；对学生在情感态度与价值观方面的教育是否通过学生的亲身体验而达到内省和内化。教师能否根据新课程目标和本节课的教学目标帮助学生制定适当的学习目标，设计恰当的学习活动和形成有效的学习方式。

2. 教学内容的生活化

教学内容的生活化，要看教学内容是否与学生生活经验结合起来，从学生实际生活中找话题，教学内容是否能指导学生现在和未来的生活。

3. 教学过程的活动性

教学过程的活动性，要看活动的设计是否围绕教学目标，是否讲究实效，不搞形式，要看是否通过丰富多样的亲历活动来充实教学过程，活动是否有条理，是否培养学生的组织能力和自律能力。教学的关键，是要创造条件，使学生作为主体去活动，鼓励学生主动参与、主动探索、主动思考、主动实践，在活动中实现自我发展。

4. 学生学习的自主性

学生学习的自主性，要看学生是否有自主选择的时间和空间，是否注意培养自主选择的能力。教师是否营造民主和谐的课堂氛围，对学生有无较多的温暖，与学生是否有良好的交往，给较多的表达机会。在良好的课堂气氛中，学生从事某项学习活动时，是否能自由地表达自己的想法。

5. 教学组织形式的合作性

教学组织形式的合作性，要看让学生在独立探索的基础上，是否彼此互通见解，互相合作讨论。在小组合作学习中，学生或者共同探讨同一问题，或者学习不同的内容再相互交流，学生分别承担不同的角色，小组之间相互比赛，有助于培养学生的合作交流能力和良好的个性心理品质。

6. 教育对象的全体性

教育对象的全体性，要看是否做到尊重每一个学生，尊重学生的个体差异；对每一个学生的评价是否做到公正、一视同仁、平等对待，在尊重每一位学生的同时，能否注意赞赏各类学生。

7. 教学评价的多元化

教学评价的多元化，要看评价内容是否多元，评价方式是否多元，评价主体是否多元。评价内容的多元，注重对学生素养的综合考查，对学生的评价不仅要关注学生对知识、技能的掌握情况，而且要综合评价学生在情感、态度、价值观、创新意识和实践能力等方面的进步与变化。评价方式的多元，要改变过去单纯以纸笔测验考查学生的方式，而要倡导观察、谈话、表现评价、成长记录等多种方式来考查学生。评价主体的多元，要改变过去以教师作为唯一评价主体的做法，倡导学生自我评价、学生相互评价、家长评价与教师评价相结合。

六、研究取得的效果

我们学校的课题四川省普教科研资助金项目——"基于学校教学成果推广的策略研究"，通过四年的探索，给我校的教育、教学和管理带来了深刻的变化，取得了明显的效果，主要表现在以下六个方面。

（一）积累了本校各门学科改革的新经验

我们在实验取得成功的基础上，在全校各个年级的各门学科中广泛推广艺术学科的教学理念：以"审美"为突破口，以"情"为纽带，以"生活"为源泉，以"活动"为途径，以"思"为核心，逐步形成了各门学科各具特色的教学体系和评价体系，推动了各门学科教学改革的发展。例如语文教学形成的"激趣—质疑—感悟—交流—延伸"的教学流程；英语教学形成的"任务呈现—学习新知—

自主探究—操作运用"的教学流程；数学学科形成的"问题—探究—评价—运用"的教学流程。课堂教学更具有生机与活力，更具有生活的气息，流淌着真情，碰撞出思维的火花。

（二）促进了学校教学管理的新变化

学校艺术学科优秀教学成果推广的策略研究，给我校教学管理注入了新的活力，促进了学校教学管理新的变化，主要表现在以下两个方面。

1. 把"教、研、推"统一起来

过去我们的教学管理只注重把教学与科研结合起来，过多地关注教学备课、上课、作业批改、考试等一般的管理，忽视了用推广优秀的教学成果的方法去改变教师的教学理念和行为方式。通过本课题的实践研究，在教学管理中，我们把推广和借鉴其他一切优秀教学成果，特别是本校总结提炼出来的优秀成果与教学研究、提高教学效率有机结合起来，提高教师运用优秀成果改造教学行为和方式的能力和水平，缩短与先进教学理念和方法的差距。

2. 加强课堂教学艺术的研究与指导

通过课题的研究，我们更进一步认识到了"教学是艺术"的深刻内涵，对教师教学的指导绝不仅仅是帮助教师确定目标、选择内容、组合方法，真正的指导应该是对教师教学艺术个性化的指导。现在我们在教学管理中更加注重对教师课堂教学的语言艺术、讲解艺术、提问艺术、过渡与衔接艺术、导入和结尾艺术、板书艺术、媒体使用艺术等进行分析与指导，根据不同学科内容、不同年龄特征的教学对象以及不同特点的教师提出指导性的意见，指导教师用艺术的方法去组织教学，用艺术的手段去呈现教学内容，不断提高教师教学的艺术性。

（三）带来了教师教学观念和教学行为的新转变

1. 教学观念的转变

学校艺术学科优秀教学成果的推广，使全校教师在对优秀教学成果的学习、运用过程中，其教育教学观念发生了根本的转变，逐步树立起新的教学观。

（1）教学的审美观。艺术学科把欣赏美、追求美、创造美作为教学的重要目标，他们课上展现的优美的线条和画面、优美的旋律和节奏、优美的姿势和动作，无不闪烁着美的智慧与光芒。我们组织教师观摩艺术学科教师课堂教学，使他们深受启发。我们的教师正在逐步树立教学的审美观：引人入胜，开头美；水到渠成，衔接美；此起彼伏，内容美；抑扬顿挫，语言美；有张有弛，结构美；回味无穷，意境美。我们要揭示学科的内在美，如语文的文字美、意境美、情感美、哲理美；要用美的形式去表达美的内容，如用优美的语言、色彩、旋律、动作去表达教学内容，从而增加教学的生动、形象、趣味。数学教师朱兰说，爱美之心人皆有之，以美育美是教学的至高境界。一方面我们要用美的手法去表现美的内容；另一方面我们要挖掘学科本身的美学价值，如数学的结构美、逻辑美，从而培养学生追求真、善、美的品质。

（2）教学的艺术观。教学本身是艺术，它需要创造，没有艺术创造的教学就没有生命力。小学生学习的注意特点和兴趣特点决定了在教学中更需要用艺术的手段与方法（色彩与画面、节奏与旋律、姿势与动作）去生动、形象、直观地表现内容、营造氛围、创设意境。语文教师侯红因说，语文学科与艺术学科的联系尤为紧密，在教学中要用艺术学科的表现手法，去增加语文课堂教学的趣味性、生动性，要加强学科之间的融合，要注重培养学生的综合能力。

（3）教学的活动观。儿童是在活动和游戏中长大的，现在的学生缺少的不是想象，而是体念，在哪儿去体念，在活动中去体念、去感悟最深刻、最真切、最感人、最难以忘怀的事。语文教师罗静说，活动是小学语文课堂教学的生命，要让学生在游戏、表演、交流、辩论中学到真知，体会真情，让学生在做中学和学中做。

（4）教学的综合观。通过学校艺术学科优秀教学成果的推广，我们的教师把传授知识、开发智力与培养情感统一起来，更加关注学生的情感世界。学生最小的差异是智商，最大的差异是情商。把教书与育人统一起来，更加注重对学生的健康情感、坚强意志、高尚人格以及良好习惯的培养。小学教育塑造着学生的未来和成人的雏形，我们必须把做人的教育放在更加突出的地位。把学生动手、动脑、动口统一起来，更加注重学生动手实践能力的培养。把学科教学与艺术性学科统一起来，更加注重学科之间的整合，注重学科之间的相互渗透。

（5）教学的人本观。通过对学校艺术学科优秀教学成果的推广，我们的教师走下讲台，蹲下身子，亲近学生，走进学生的心灵。倾听学生的表达，与学生平等交流，不强加自己的观点，让学生充分发表自己的意见，让学生大胆质疑，敢于提出自己的观点。倾听学生的心声，了解学生的需求，根据学生的需要和实际，选择教学内容、组织形式和教学方法。让课堂充满真爱，让课堂充满真情，教会学生如何尊重别人，善待学生的错误。

案例：请接受后进生的拥抱

我校有名学生的父母离异，其生活习惯、学习习惯和社会交往等方面都养成了一些不好的习惯，同学们都不愿意接触他，甚至看不起他，就连有的老师对他也不抱希望了，只要他不影响其他同学就行。他也逐渐形成了自暴自弃的心态。有位年轻老师接手这个班后，主动与他谈心，帮助他分析问题的症结，确立改进的方向和信心。在每堂课上，年轻老师都鼓励他参与活动、回答问题，赞扬他的每一次进步。这个小个儿的男孩每次在校园里看见这位老师总喜欢扑上来拥抱她。有一次，他那双黑黑的小手在这位老师的白衣服上留下了印迹。他马上反应过来，使劲打自己的手。老师制止了他，牵着他去洗手并告诉他，老师不介意衣服被弄脏，但很在意你是否答应我以后能有一双干净的手。一个学期之后，这名学生的精神面貌发生了很大改变，改掉了不少坏习惯，同学们也愿意和他接触了。（点评：听话的孩子人人都喜欢，爱后进生才是真正爱学生。拥抱后进生是心灵的相通，是包容，是彼此的信任与接纳，是鼓励与鞭策，是期望与等待。我们要善待孩子的错误。学生在学习和成长的过程中犯错误、出现问题是其发展过程的正常现象，是其身心发展的不平衡所至，一般不属于思想或道德问题。教师要有耐心并正确引导、艺术处理，既不能不闻不问，也不能成人化、主观化、扩大化）

2. 带来了教与学行为变化

艺术学科课堂教学优秀成果的推广，就是要从根本上改变我校教师由过去过分关注自己的"教"转移到全身心、全方位地去关注学生的"学"上，减少自己在课堂上的说话权、表演权、评价权，把课堂真正还给学生，把学生当成真正的"主人"和"中心"，极大地唤起学生的自我主体意识，充分地让学生大胆质疑，挑战权威，自主学习，主动探索，参与评价，合作交流，使每个学生都能体会到进步与成功的喜悦。我校教师现行课堂教学一般构成要素及师生活动见表2-1。

表2-1　课堂教学一般构成要素及师生活动

要素	教师的活动	学生的活动
问题与质疑	提供必要的学习内容的背景资料，引起学生的兴趣与注意； 启发诱导学生质疑问难； 归纳提炼学生所提出的问题	根据材料、事实与经验提出问题； 提出自己最想解决的问题； 敢于质疑结论、权威
分析与探索	指导学生运用正确的方法去思考、分析、解决问题； 帮助学生解决在学习过程中遇到的困难； 将学生解决问题的思维过程展开，根据学生自己得出的结论进行梳理板书； 与学生交流、讨论、评价或表演； 引导提出新问题，发现新线索； 提供多种变式，为迁移而教	感知、感悟所呈现的内容； 利用新信息去分析、论证、探索问题； 根据自己的学习能力自主选择学习内容和目标； 通过实验或实践的方法验证结论； 用已有的知识经验分析、解决问题； 总结、归纳、类比出普遍性的结论； 发现或纠正学习中的问题

续表

要素	教师的活动	学生的活动
合作与交流	组织、协调、促进并参与学生的学习交流活动； 允许多种观点并存，不强求绝对统一，捕捉学生的闪光点	交流学习成果、体会与感受； 学习他人的长处和优秀成果； 讨论分歧与不同观点，与他人合作学习、共同进步
价值与评价	知识、技能、价值的强化； 让学生拥有评价权，不轻易肯定或否定学生的观点； 允许学生对自己提出批评与建议	了解知识技能的价值与运用； 阐述支持自己观点的理由与根据，允许别人的观点存在并能进行必要的、合理的评价
运用与延伸	把知识技能与学生的实际与社会实践联系起来，强化知识与技能的运用	运用所学知识技能去分析解决自己在社会生活中遇到的问题，强化实践与动手能力

由表2-1不难看出，我们的教师在教学过程中与学生积极互动、共同发展，处理好传授知识与培养能力的关系，注重培养学生的独立性和自主性，引导学生质疑、探究，在实践中学习，促进学生在教师指导下主动地、富有个性地学习。教师关注个体差异，满足不同学生的学习需求，创设能引导学生主动参与的教学情境，激发学生的学习积极性，培养学生掌握和运用知识的能力，使每个学生都能得到充分的发展。学生的地位从被动到主动，教师的职能从主宰到引导，教学的目标从单一到综合，交流的形式从单项到多项，活动的空间从封闭到开放。这种课堂教学更加符合教学规律，更加符合学生学习规律。

（四）实现了教师的教学水平和研究水平的新突破

学校通过推广艺术学科教学成果，转变了教师的观念，改变了教师的教学方式，提高了教师教学的艺术修养和驾驭课堂教学的能力，使我校教师的教学水平有了较大提高。教师在参加国家、省、市各种赛课中获得了多项大奖。

（五）促使了学生的学习水平和综合素质的新发展

1. 学生学习水平和能力发生了变化

本课题的研究，改变了教师的教学思维方式和教学行为，从而提高了学生的学习水平和能力。学生的参与意识明显增强，能积极发言，踊跃提问。具有独立思考的学习品质，学生的学习是建立新旧知识联系的过程，是知识内化与行为外显的过程，在这一过程中学生的思维活动起着决定性的作用，教师教学方式和行为的转变，进一步提高了学生思维的敏捷性、灵活性、畅通性和发散性。学生的自主能力明显提高，他们能自主选择学习内容、进程、方法与交流的伙伴，充分体现了学习主人翁的地位和价值；交流的表达更加活跃，能以不同构建理解同一事物，能做到专注倾听，边听边记，补充完善，踊跃发言，阐释和陈述自己的观点，敢于质疑；想象力更加丰富；学习兴趣浓厚，参与性高，自主性强，思维活跃。总之，学生学习的品质和能力有了明显的提高。

2. 学生的综合素质有了新发展

学校的合唱《音乐之声》《转圆圈》参加达州市第二届中小学生艺术节班级歌咏比赛获一等奖并被选送省参评；舞蹈《半夜鸡叫》、二重唱《采山谣》、民乐小合奏《茉莉花》《采花》参加了达州市第二届中小学艺术节优秀节目表演。近年来，8人获市十佳小歌手；16人获十佳绘画小新苗；35人获市陶艺比赛一等奖。

近年来，我校学生参加全国青少年"春蕾杯"征文活动，获全国一等奖9人，二等奖12人，三等奖78人，优秀奖43人。学生作文在全国各类报刊发表了81篇。

在参加全国、省、市、区历届青少年科技创新大赛中，我校科技小制作、小发明、科幻画、小论文有多项作品获一等奖。其中小发明：获国家专利1项；获省发明三等奖1项。科幻画：获全国二等奖3项，获省一等奖6项，获省二等奖8项。科技小论文：获省一等奖2篇，获省二等奖2篇。

（六）推动了学校办学水平跃上新台阶

课题研究促进了学校的健康发展，学校的管理和办学水平跃上新台阶，学校先后获得"全国学校艺术教育工作先进单位""全国红旗大队""四川省百所艺术教育特色学校""四川省小学教师职业技能示范学校""四川省现代教育示范校""四川省科技示范校""四川省校风示范校""四川省小公民道德建设实验基地""四川省青少年文明习惯养成教育研究实验基地""四川省卫生先进单位""四川省体育达标先进单位""达州市教改实验学校"。分管教育的杨刚副市长在考察学校工作后说，通川区七小不愧是达州教育的一面旗帜。一位学生家长说，七小培养的学生综合素质高，行为习惯好，是孩子成才的摇篮。

我们通过推广艺术学科优秀教学成果策略的研究，给我校教师的专业成长、学生综合素质的提高以及学校的整体发展带来了可喜的变化。这也进一步印证了"科研兴校"的真谛。

"小学生个性化阅读的教学实践与研究" 课题论证

长期以来，以教师为中心的讲读型阅读教学，学生被当成被动接受知识的容器，泯灭了学生的阅读创造，违背了学生阅读的心理规律。

语文课程标准指出：阅读是学生的个性化行为，不应以教师的分析来代替学生的阅读实践。要从知识与能力、过程与方法、情感态度与价值观这三个维度入手，引导学生在境中学、读中悟、情中感，在自主、合作、探究学习中，成为学习和阅读的主人。

语文教学实践告诉我们，真正有效的阅读，必须依靠读者全部的心智和情感意向活动，才能通过对书面符号的感知和理解，把握其所反映的客观事物及其意义，达到阅读的目的。阅读是个性化的行为，教师的职责就是营造一个有利于学生个性化活动的氛围，让学生直接面对文本，主动地、专注地阅读，从而使学生获得更多的收益，使其个性得以张扬，语文素养得以提高。

个性化阅读，更能发挥学生学习的主动性和创造潜能，更能不断提高学生语文的综合应用能力。

"小学生个性化阅读的教学实践与研究"课题的研究探索具有一定的科学性和可行性，体现在以下几个方面。

一、发挥了阅读主体的自主性

真正有效的阅读，必须依靠阅读者全部的心智和情感意向活动，才能通过对书面符号的感知和理解，把握其所反映的客观事物及其意义，达到阅读的目的。这种具有很强的个性化的活动，决定了阅读只能是学生自己的事，任何人都无法越俎代庖。教师的职责，是营造一个有利于学生情绪化的"场"，让学生直接面对文本，主动地去读，专注地去读，兴致勃勃地去读。学生的自主性越强，积极性越高，其所获就越多。

真正有效的阅读具体体现在以下几方面。

（一）自主选定阅读主题

教师从学生实际出发，课堂教学尊重学生的阅读习惯，了解和研究学生的阅读心理，根据个性与共性的发展关系，处理好教与学的关系。让学生自己确定阅读目标和选定阅读课题，学生自然有兴趣。

（二）自主取舍阅读内容

教师充分给学生自由阅读的时间和空间，让学生成为阅读的主人公，主动地学，自主取舍阅读内容，学生才能利用自身优势，去发挥个性阅读的自身潜能，有所取舍地去读，有所目的地去读，这样的读学生才会有方向，才会有兴趣，才有利于促进个性化阅读的发展。

（三）自主选择阅读方式

学生因知识水平不一，兴趣、爱好不同，其个性阅读表现也不同。教师在教学中要尊重学生的个性差异，让学生用熟悉的阅读方式进行学习，只加以适当的引导。新课标告诉我们要重视学习的过程而不是结果，这就要求每个学生平等地参与学习，运用自己的"个性"来展示学习过程，达到阅读效果。教师只有尊重学生的个性差异，才能丰富阅读课堂的教学资源，实现学生与文本、学生与学生、学生与教师的阅读平等对话。

二、突出了阅读实践的探究性

读物提供的信息除了字面显示之外，常常还有更深层的信息，这些隐含的潜在信息密码需要读者去发现、去破解。而学生由于受到心智水平、认知经验的限制，在发现、破解过程中还会遇到许多的疑难和困惑，尤其是当文本所表述的情感态度、价值观念与学生的"阅读期待"不一致或相矛盾时，其疑难和困惑就更为突出，成为阅读理解的障碍，必须对此来一番分析、推理和探究。在对问题的探究解决中，学生的语文素养、实践能力和创新精神也得到提升和发展。

三、重视了阅读过程的调控性

从心理学的角度看，阅读是一种从书面符号中获取意义的复杂的心理过程，要经历感知（看到文字，读出字音）—理解（把单词转化为意义）—反应（领会作者说的是什么）—综合（与实际联系并应用）四个阶段。这使得学生的阅读理解往往不能一步到位，还会产生认知的肤浅、偏差甚至谬误，需要在阅读过程中，及时、不断地加以监控和调节，从而把握自己的理解程度，判断与目标的差距，反思自己及他人见解的合理性、完善性和正确性，并采取各种帮助思考和增进理解的策略，最终实现对课文的全面、深入的理解和掌握。

四、体现了阅读结果的差异性

阅读认知理论认为，阅读主体对于文本中的言语，只有在他的信息储备中能够找到与文本言语具有相似性的信息模块以后，才能进行相似匹配、相似激活，从而识别文本中的信息。由于阅读主体大脑储存的相似模块各不相同，因而即使是阅读同一文本，也将形成各自不同的相似选择与相似匹配，进而产生见仁见智的个性化理解。因此可以说，个性化阅读结果实质上是作为阅读主体的个人对阅读材料的一种带有强烈主观色彩的理解、感悟和体验，必然会存在一定的差异性。

五、拓宽了个性化的阅读理解

个性化的理解是个性化阅读的体现。个性差异不同，理解也不同。学生之间的阅读、交流、讨论则是展现个性化阅读理解和交流的机会。只有多样化和生动的教学，才能给学生留下自由开掘个性理解的空间。课堂上，学生的个性化交流方式既激活了其自身个性色彩的智慧，也能让个性的理解自如挥洒和潜能从容释放。

六、促进了个性化的阅读评价

语文教学新理念认为：学生是学习的主体，教师只是学习的组织者和促进者。因此，教师要把评价的主动权还给学生，让学生开展自我评价和个性化的阅读评价。

引导学生进行个性化阅读是关注学生主体性的一个具体表现，是一种充满人文关怀的阅读方式。因此，课题组在实施的过程中，在引导学生进行个性化阅读的时候，把握以下"三化"。

（一）个性化不是自由化

纵观我们的课堂教学，似乎学生越自由、气氛越活跃、观点越离奇就越"个性化"。学生兴趣的高涨、思维的开发确实能活跃课堂氛围，但形式必须为内容服务。有些课看似很"乱"，但"乱"得有章法，学生实际上是围绕一些共性的问题在讨论、在表达。正是在对共性问题的讨论与交流中才可能产生个性化的理解。我们经常在课堂上听到这样一些说法："大家想怎么读就怎么读。""想读（背）哪一段就读（背）哪一段。"因此，课堂上异彩纷呈，有的当表演家，有的当播音员，有的当画家，还有的是观众。如果作为课后对内容的升华或者一堂语文活动课还说得过去，但如果放在学生对课文理解之初或者缺乏一些共性问题的统领，那是不太适宜的。我们的语文教学是根植于生活、凸显民族文化精髓的一门学科，其丰富性、多彩性在世界上独一无二。它那千百年来所固有的传播方式暂时是无法改变的主要是"读"，"读"使看似单调的符号与人的多样性思维得到了转换，影响或促进了优秀的民族文化脉脉相承。因此，语文的学习不是想怎么学就怎么学的，或者想怎么教就怎么教的，尤其是小学生。"个性化阅读"对教师和学生而言不是自由化，是一定理论和规律下双方个性的张扬与统一。

（二）个性化不是学生化

一谈到"个性化阅读"的训练，教师成了学生：说学生话、做学生事，教师明明有精深的感悟、流畅的表达能力，而且学生也需要，但不能说出来，处处逼着学生绕圈子，最终是小部分学生使大部分学生顿悟："原来如此呀。"教师除了成为学生以外就是充当观众，对谁对什么问题都是满脸微笑，教师在学生心中成了一个最大的哑谜。事实上，学生真正的、有效的阅读方式不多，个性化的感悟也很少，主要看学生是否全身心地投入。当学生个体全身心地投入时，教师的引导、点拨和精辟的表述就会具有十分重要的作用。总之，语文是语言的艺术，语文课堂是师生双方共同的课堂。一节语文课离开了教师精练规范的表达和独具匠心的引导，氛围再好，也只能是一堂残缺的语文课。

（三）个性化也不是普遍化

一提到个性化阅读，不问学生的知识储备情况，不考虑学生的年龄特征，也不研究文本的特点，普遍地让学生讨论，或者让学生想怎么读就怎么读，想读哪一段就读哪一段。这种"普遍化"的倾向是不可取的。制约学生个性化阅读的因素有很多，学生的年龄特征、认知能力、知识储备，课文的特点以及教师的个性化素养、对学生的了解程度等都直接影响着学生个性化阅读潜能的开发。有位老师在引导学生讨论时，单设了一个第七组，将语文综合能力稍差的学生组成一个组。他们可以自聘组长或者要求教师担任组长进行讨论交流，讨论的问题也可以简单一些。我认为这种方式很好，这不是对学生的歧视，因为差异是客观存在的。

对小学生来说，个性化阅读学习成果的展示方式不易操作，但更重要的不是这个成果，而是更着重学习的过程，使每个学生在一次次个性化的阅读过程中，逐渐培养起自主意识、合作精神以及综合运用语文知识和技能解决问题、服务生活的能力，而这些能力，对学生一生的工作、发展都是十分重要的。

个性化阅读是新课程改革的新理念，通川区第八小学率先将其作为科研课题进行实践研究，有着积极的现实意义，这与他们在教育科研方面多年的积累密不可分。加之该校有一支理论水平较高、有一定教学研究能力、素质较高的教师队伍，有先进的硬件设施，我相信通过这一课题的实践研究，必将促进该校语文教学的整体改革，促进学生语文素养的全面提高。

语文教学中教师体态语运用的方法论思考

体态语（又称态势语）是教师在教学中通过眼神、表情、手势、姿态等非语言因素向学生传递信息的一种有声语言的辅助形式。教师有意识地运用体态语进行教学，能够更好地与学生取得心灵的沟通，产生情感的共鸣；能够辅助言语行为传递信息，扩大信息发射量；能够激发学生的学习兴趣，调动他们参与课堂活动的积极性；能够释疑解难，帮助学生理解学习内容。在教学中，每一位教师总是在自觉或不自觉地运用体态语开展教学活动。可以这样说，在正常情况下，没有体态语参与的课堂教学活动几乎是不存在的。但是，许多教师并没有意识到体态语的重要作用，更没有在实际教学活动中自觉地加以有效运用。有鉴于此，笔者拟就语文教学中教师运用体态语的方法和策略作一粗略探讨，以求教于方家。

一、充分发挥表情的感染作用，激发学生的学习兴趣

表情，尤其是面部表情，在传递情感的过程中起着十分重要的作用。人的面部表情能够产生非常丰富的语言。美国心理学家梅拉别恩也得出这样的结论：信息交流的结果=7%的文字+38%的音调+55%的面部表情。这个结果的研究意义对于教师这一社会职业而言具有十分重要的意义。因为教师的工作对象是模仿力极强的孩子。他们不但接受教师通过言语讲授所传播的思想、知识，而且时时在观察着教师的一举一动，获取各种信息和正负方面的影响。其中，教师的面部表情是他们注视的重点。马卡连柯认为："做教师的一定不能没有表情，不善表情的人，就不能做教师。"教师面部表情是教师内心感情的流露，能被学生认知。面部肌肉放松，露出微笑的神色，使人乐于亲近，令人舒畅，让人欣慰；面部肌肉绷紧，使人望而生畏，避而远之。

微笑是一种常见的基本的面部表情。双目微眯，嘴角微翘，面露微笑，这种亲切和善的表情是与学生建立并保持心灵的接触的前提条件，是进入学生情感世界的"通行证"，也应该是教师在工作中的表情常态。通常来说，学生十分喜欢教师的微笑，不喜欢教师生气或严厉的样子，看到教师的微笑他们会消除紧张

感，投入轻松愉快的学习氛围中，从而提升自己的学习兴趣和学习效果。但由于传统教育和中国文化的历史特性等原因，一些语文教师潜意识中一直保持着"师道尊严"的观念，以得到学生"敬畏"作为满足，以至于学生见了老师能避开就避开。其实，教师的每一个微笑、每一次亲切的抚摸、每一次热情的注目都能激起学生对教师的无限热爱，都能激发学生对教师的敬爱之情。著名的特级教师于漪老师在教学中就善用微笑，让学生从中感到亲切、温暖和她那诲人不倦的精神。她只要走进课堂，总是脸上带着亲切温和的微笑，眼神里饱含鼓励和期望。

二、充分发挥目光的关注作用，加强与学生的信息交流

目光是最常见的一种非语言行为。在课堂教学中，教师和学生的目光不时地发生碰撞，传递着极为丰富的教学信息，是教学信息交流的重要途径。有研究表明，人在兴奋时，瞳孔会比平时放大四倍，人在生气时，瞳孔会比平时缩小。眼睛是人类情绪最集中、最敏感的外显部分，人们深信从眼睛的变化中能窥探到人的内心世界。透过这扇窗户，师生之间可以有效地交流大量的情感信息。过去，在教师独断专行的课堂气氛中，学生的精神和思想受到压抑，导致情绪低落，学习的主动性和创造性被压抑。新课改反对以往的学习方式和教学方式，倡导促进学生发现问题、主动性的、富有个性的学习方式。学生在民主的教学氛围中，心情得到放松，敢于发现问题和创造问题，为学习带来强大动力。因此，教师要进行"眼神教学"，让学生从教师的"眼神"中受到激励，感到振奋；使每一个学生都能够感到"老师在看我""老师在关心我""老师在期待我"。

在语文课堂教学中，教师与学生的眼神交流可以分为以下四类：一是注视学生身体部位的变化。在课堂教学中，教师通常会注视学生的脸部，但教师注视学生脸部的不同部位，实际上具有不同的含义和效果。例如，教师注视学生两眼与额头中间所组成的三角区域，表示教师对学生的严厉；注视学生两眼与下颌所组成的三角区域，表示教师对学生的亲密。此外，当学生做小动作时，教师可以把目光移向学生的手，以示警告。二是眼神内容的变化。教师的目光既可以传递赞扬、鼓励、满意、喜悦等正向的情感，也可以传递失望、不满、反感、愤怒、厌恶、警告等负向的情感，但在教学中，教师正向的目光应多于负向的目光。三是注视对象的变化。在上课时，教师注视对象应该不断地变化，教师可以时而注视全班，时而注视部分学生，时而注视个体学生，目的是将教师的目光公平、均匀地分配给每个学生，让每个学生都能"沐浴"在教师温暖的目光中，让每个学生都能感受到他们在被教师关注，让每个学生在整堂课始终保持较高的兴奋水平和警觉状态，让每个学生的思维始终在高速运转。然而，在实际教学中，为了逃避

与学生的目光接触，有的教师把目光长时间移向教室的后墙或窗外等；有的教师背对学生，大量板书；有的教师埋头看讲义，致使许多重要的教学信息无法有效交流；有的教师只关注某一部分或者某几个学生，忽视其他学生，使他们产生了一种被遗弃的感觉，丧失学习兴趣和信心。四是注视时间的变化。教师可以长时间地注视学生，也可以迅速扫视学生，或者给学生一瞥。有研究表明，如果你对对方的注视时间超过全部谈话时间的三分之二，表示你对对方的谈话感兴趣，你是自信的，值得信任的；如果不到三分之一，表示你对对方的谈话不感兴趣，或你是紧张的、羞怯的，难以被信任。新教师注视学生的目光往往飘忽不定，容易给人造成紧张、不够自信的印象。因此，教师目光应该坚定。

同时，教师还要运用学生的眼睛进行反馈，因为学生的眼睛常常能表现他对教学的反应。例如，学生对教师的教学内容感兴趣时，眼神是闪光的、兴奋的；听不懂时，眼神是漫不经心的；疲劳时，眼神是呆滞的。教师如果不懂得运用学生的眼睛进行教学反馈，就可能发生一些尴尬的情况。

三、充分发挥姿态的感化作用，帮助学生理解知识

身势语在表情达意方面有着十分重要的作用。人的四肢和躯干配合起来可以传递十分丰富的信息。教师以姿势辅助语言可以使学生在接受教育的同时，看到生动的形象，便于理解和接受知识。这是因为有些时候，对感情的表述，教师若只用有声语言，则难以达到预定的效果；若用体态语等非语言行为加以补充，则可完美地表达有声语言的余尽之意，使学生能准确、完整地领悟教师所要表达的内容，可有效地提高有声语言的表达效果。

一次，于漪老师在教学生用"饱满"一词造句时，学生纷纷造出了"稻谷（豆粒、菜籽、玉米）长得多饱满"。这时，于老师走到教室门口，突然转过身来，胸脯略微一挺，头微微昂起，面带笑容，两眼炯炯有神，问道："你们看，老师今天精神怎么样？"这时，学生立即回答："老师今天精神饱满。"接着老师顺势利导，说："今天上课，我看到大家都挺着胸，昂着头，坐得端端正正，精神也很饱满！"这里，于老师不仅恰当地运用了体态语，而且有机地渗透了德育因素。于老师的体态语言精当得体，形神兼备，饱含激情，有一种寓于"磁场"的审美情趣和艺术感染力，收到了很好的教学效果。

再如讲解"踞""作揖""忸怩""趾高气扬"等词语，光用语言讲述，讲得再多，学生仍理解不透，而教师通过某一准确的动作神态描摹演示，即可让学生心领神会。据说著名语言学家张世禄先生讲《触龙说赵太后》中"徐趋"这个词，自己放低了身子，双脚快步移动，认真做了一个滑稽的老态龙钟的态势，然

后又学生问："为什么'徐'？为什么'趋'？"这里的体态模拟就很准确地解释了"徐趋"。

再者，在教学中，使用准确适度的手势语能使学生加深对知识的理解和记忆，给学生留下深刻的印象。教师的手势语应如乐队指挥棒一样，指挥学生的一举一动、一言一行，在教师和学生中间架起一座联系情感的桥梁。教师无论使用何种手势语，都必须做到优美、文雅、自然、适度。比如，教师在提问学生时，用一个手指指向学生提问的效果远不如教师微笑着对学生招手说"你来回答"的效果好。当学生回答很精彩时，教师用手轻轻地拍拍学生说："继续努力！"很简单的几个动作，会将教师的心与学生的心紧密联系在一起，无形中，师生的情感得到了增强。

四、充分发挥空间距离的关切作用，融洽师生之间的关系

教师与学生在教学中结成的关系在性质上不属于亲密关系，也不属于社会关系，而是介于两者之间的亲近关系。因此，二者构成的空间距离语属于亲近区。目前我国班级教学的课堂空间安排，对于教师充分利用空间距离语是限制很大的。怎么改进呢？首先，教师根据教学需要经常走下讲台，使讲台与前排座位之间也成为活动区。其次，教师可根据教学需要深入学生座位之中去指导、帮助，这在练习课、操作课中更为必要。教师经常适当地走近后排学生，能使他们感到老师对自己的亲近感。最后，在有条件的情况下，采用半圆式座次排列，即把学生的座位排成半圆形，教师从圆心可以随意接近每个学生。有关的试验证明，这种组织方式教学效果非常好，是空间语的最好表现形式。

参考文献：

［1］胡东芳.教育新思维：东西方教育对话录［M］.南宁：广西师范大学出版社，2003.

［2］郭友.教师教学技能［M］.北京：首都师范大学出版社，1993.

［3］陈旭远，张捷.新课程实用课堂教学艺术［M］.长春：东北师范大学出版社，2004.

［4］肖锋.学会教学：课堂教学技能的理论与实践［M］.杭州：浙江大学出版社，2002.

在语文教学中渗透生命教育的策略

生命教育是旨在帮助学生认识生命、珍惜生命、尊重生命、热爱生命、提升生命质量的一种教育活动，即一切关注学生生命和生活，并能引导学生认识生命价值和意义，唤醒学生生命意识的教育活动。生命教育是一项系统工程，在学校实施生命教育主要有三个途径：一是开设独立的生命教育课；二是通过综合课程实施生命教育；三是各学科的渗透教育。由于我国的生命教育刚刚起步，要想在短时期内三个途径共同作用还不是十分现实，相对来说学科渗透教育的途径较第一和第二个途径更容易。因而，在目前的情况下，学校教育应在各学科中迅速渗透生命教育。而语文学科作为一门重要的基础学科，具有"工具性与人文性的统一"的性质，其背后蕴含着丰富的人文精神，最有可能也最利于渗透生命教育。因而，语文教学要充分利用教材中的生命教育资源，积极开展生命教育，唤醒和丰富学生的生命意识。

一、在听说思索中引导学生感受生命的珍贵

生命是独具特质的，每个生命都具有其存在、生活、发展的权利。这种权利是神圣不可侵犯的，无论是自己还是别人都没有权利随意处置生命。一个人没有对生命的敬畏之心，他的生活将干枯，将会失去光彩。法国思想家阿尔贝特·史怀泽把"敬畏生命"作为"绝对的伦理"。他在《敬畏生命》中写道："善是保存和促进生命，恶是阻碍和毁灭生命。如果我们摆脱自己的偏见，抛弃我们对其他生命的疏远性，与我们周围的生命休戚与共，那么我们就是道德的。只有这样，我们才是真正的人；只有这样，我们才会有一种特殊的、不会失去的、不断发展的和方向明确的德性。"西方一些国家开展死亡教育，让小学生到太平间抚摸尸体，给他们讲述人活着的美好：活着可以见到自己的爸爸妈妈，可以和小朋友玩，可以吃到冰激凌……使学生充分感受生命的美好，坚定热爱生命的信心。《藏羚羊跪拜》一文中，老猎人埋掉了他用以谋生的权子枪；汶川大地震中，在废墟下坚持的生命，在营救中绝不放弃的信念等。这些都是我们进行生命教育的

契机。我们要教育学生学会以积极的态度面对生命中的困难和挫折，体味大自然给我们的恩赐，认真地思考人生的意义，使我们有可能创造生活、享受生活。即使我们输掉了一切，也不应该输掉对生活的信念，因为只要生命在，一切都可重来，都可创造。

二、在朗读品味中引导学生感悟生命的灿烂

帕斯卡尔说："人只不过是一根苇草，是自然界最脆弱的东西。但它是一根能思想的苇草。用不着整个宇宙都拿起武器才能毁灭他，一口气、一滴水就足以致他死命了。"是的，一场小小的灾难、一种不期而至的疾病、一件微不足道的器具，甚至一句无意流露的话语，都会让生命不堪一击。作家史铁生21岁那年"从最狂妄的年龄跌入黑暗的深渊"，他也想到过死，然而，生命又是坚韧的，双腿残疾的史铁生走出了自杀的阴影而成了驰骋文坛的巨人。史铁生的那种自强不息的生命意识，给学生以强烈的情感震撼。学生们深刻地感受到，双腿残疾的史铁生尚能在生与死的挣扎中重新唤起对生命的认识。而四肢健全的我们，何愁不能用自己的双手创造自己美好的未来呢？物理学家霍金、走在"星光大道"上的阳光、千手观音邰丽华、残奥会上的英雄等，这些身残志坚的例子让学生由衷感叹我们现在的生活是幸福的，因为我们有健康的体魄、靓丽的青春、温暖的家庭，还有和煦的阳光照耀着我们，活着真好。一颗流星、一只流萤，在广袤的夜空，都是亮丽的风景，更不用说我们万物之灵长了。我们语文教师就是要利用这些活生生的例子引领学生触摸这些人物的心灵，使学生的生命不断得到滋润，让他们认识生命的价值和意义，珍惜生命，保护生命。

三、在阅读教学中引导学生咀嚼生命的价值

"生命化"的语文教学从教学内容上来说，应把"生命"作为一种有待于教给学生的教学内容，作为教学中对话交流的重要话题，渗透到每一个教学环节中去。随着语文教学改革的发展，阅读教学中言必谈"中心思想"的年代已经过去。但有的观点认为主题教学应当废除，阅读的重点应是看作者如何表达自己的意义，这同样有着很大的片面性。本身有张力的语言文本文字并不是孤立存在的，正是内含的思想将其揉成一个血肉丰满的生命体，所以撇开思想内核，仅仅品味文字是不够的。我们并不是为了找到主题思想而去探讨主题教学，而是通过经典作品走进先哲和时贤的生命，用他们健康高尚的心灵世界去影响和规范学生。因此，我们应通过各种途径，采用多种方法在阅读教学中加强生命教育的渗透，如《我与地坛》。史铁生在他21岁时，正值年少，灾难突然降临到他的身

上，他残疾了。维纳斯双臂的失去，引发人无限遐想，但是史铁生，这个生活在现实里的活生生的人，他突然双腿残疾，却并不是那么容易面对的。教师可以让大家看史铁生的照片，他是那么的平静，那么的开朗，他究竟是如何走出这一条隧道的呢？史铁生的母亲为了能让他活下去，究竟是怎样做的呢？除了课文中的语段，我们再来欣赏同是史铁生的作品的《秋天的怀念》。有感情地朗诵后，学生很好地体味作品中的深情。母亲的肝疼早已经到了极限，可是，她从不把自己的苦痛释放出来，她从不想让那个被腿疾折磨着的儿子再为她操心，她一直坚忍地坚持着，用她的守护之心支持着自己。作者在《我与地坛》里如此形容他的母亲："艰难的命运，坚忍的意志和毫不张扬的爱。"就是这样的母亲让他懂得了活着的含义。作者在宁静中发现了生命的含义：只有活着，并且让活着的人拥有坚强的品格，才能不被命运征服。

四、在写作训练中引导学生提升生命的内涵

德国哲学家狄尔泰有个著名的生命解释学公式："体验—表现—理解"。他特别重视"表现"这一中间环节，因为人意识到对世界的"体验"，就会像一座小岛一样，由生命深不可测之处浮现出来，这个把握的过程，便是"表现"。他还认为音乐和诗歌这两种"语言"是最能使内在生命得到完备、彻底而可了解的"表现"。其实，狄尔泰所说的"表现"就是一种对于生命固有的表达，也可以说，"表达"生命是一种生命固有的冲动。对学生来说，能表达他们最鲜活、最富个性激情的年轻生命的"语言"便是写作了，因此，语文教师一个重要任务就是要引导学生通过写作来适应生命冲动的需要，自由地抒写自己的生活，倾诉生命情感，表达生命意志，释放生命张力。作家张洁如是说："写作是我们生命的存在方式！""生命式"的写作教学首先应明确写作是一种生命的倾诉、生命的表达。"生命体验"意味着参与而不是参观，意味着个体生命的真诚投入。体验首先是一个人的生命历程，然后才是内心的形成物。体验是生命在活动过程中学生的内在感受、主观经验和深刻情感。生命通过体验感知自我、认知他人、解读生活，生命通过体验获得意义，升华情感，净化灵魂。"在体验中，主体以自己的全部自我去感受、理解事物，因发现事物与自我的关联而生成情感、反应，并由此产生丰富的联想和深刻的领悟。"这些联想、这些领悟，就是生命表达的内容，也是写作的魅力所在。教师可以在写作教学中引导学生学会体验自己生命之所在，学会体验自我生命与他人生命的关系，学会感悟自我生命与其他生命的相连与沟通，从而建立起人与人、人与社会、人与自然之间的和谐关系，进而"表现"生命，使写作教育超越过去的庸常，变得"大气"起来。

五、在实践活动中引导学生感悟生命的真谛

生命之趣乃是人所感受到的生存价值、生命意味与生活乐趣。生命之趣意味着在整个生命过程中，高兴从事有价值的活动。没有生命之趣的体悟和感知，其他任何趣味都无从谈起。只有让学生在实践中掌握生命知识，在实践中受到教育，才能提高教育的效率，才能把汲取的教育理念提升为人的自觉行为，才能引导学生形成正确的生命态度和生命意识，培养对社会及他人的关心，在实践中感悟生命的意义和价值。因此，我们还可通过开展与生命主题有关的语文活动，让学生在活动中感悟生命的真谛。例如，五年级下册的综合性学习是"节约用水"这一主题，教师在组织学生观看了生命起源、地球水资源等影像资料后，可以布置调查家庭不良用水习惯、搜寻中国缺水城市资料、积累有关水的成语、编写节水公益广告、介绍节水金点子等一系列实践活动，让学生在感知、参与、思索、行动的过程中明白：不但要珍爱人的生命，也要尊重自然的生命，人与自然共生共荣。这样就把生命教育提升到了更高的层次，彰显了生命教育的活力。

参考文献

[1] 杨定明.生命教育——语文教学改革的新视角 [J].时代文学，2009
    （8）：141-144.

[2] 王春东.生命教育在语文教学中的途径探索 [J].当代教育论坛：校长教
    育研究，2007（7）：77-79.

[3] 王仕斌.新课程理念下阅读教学的策略 [J].达县师范高等专科学校学
    报，2005（3）：90-91.

[4] 蔡莉莉.浅谈语文教学中关注生命的教育 [J].读与写，2009（5）：100.

[5] 叶怀凡.对生命教育的理论思考与实践探索 [J].乐山师范学院学报，
    2007，22（11）49-52.

第三篇

管理经验

——用智慧推动学校的全面发展

王仕斌语

　　管理，是管与理的有机结合，要管，就必须以理为先导；而理，就是要以人为本，把工作理顺。学校要积极创设教师专业发展和智慧舒展的机会和平台，使教师在宽松、人文的环境中释放自己的教育智慧和实现自身的价值，促进学生的发展，最终推动学校的全面发展。

文明的校园、学习的乐园、生活的花园

——创建全国文明校园汇报材料

达州市通川区第一小学（以下简称"通川区一小"）创建于1907年，是一所具有百年历史的四川省首批重点小学，全国文明单位。学校现有学生近3000人，教职员工143人，其中正高级教师1人，享受国务院特殊津贴专家1人，全国英语名师1人，四川省学术和技术带头人1人，省中小学教育专家1人，省特级教师3人，省优秀教师2人，省市学科带头人15人。

学校在党委、政府和教育主管部门的引领下，把特色办学作为学校发展腾飞的内驱力，以"知类通达，以修大成"为办学理念，秉持国务院前副总理张爱萍上将亲笔为学校题写的"求知、勤奋、文明、整洁"的校训，努力为学生提供"适合孩子发展、适宜环境变化、适应时代变迁"的"三适"特色教育，以"文明的校园、学习的乐园、生活的花园"为办学模式，本着"自强不息、与时俱进、争创一流"的精神，将文明校园创建工作作为提高学校师资水平、服务质量和创建名牌学校战略来抓，在领导班子建设、思想道德教育、活动阵地建设、教师队伍建设、校园文化建设、校园基础建设等方面都取得了一定的成绩，推动了学校各项工作的蓬勃发展。

一、领导班子团结协作，形成强大创建合力

学校党总支部坚持"围绕教育教学抓党建，抓好党建促发展"的党建原则，以开展保持共产党员先进性教育、深入学习实践科学发展观、深入开展创先争优活动、党的群众路线教育实践活动、"三严三实"专题教育和"两学一做"学习教育等系列主题教育活动为抓手，有效推进学校党建工作理论和实践创新，努力构建党建、思想政治教育、校园文化、廉政建设、意识形态、脱贫攻坚"六位一体"的大党建格局，为学校发展提供有力的组织保证。

（一）认真履职，强化服务意识

学校认真贯彻落实党风廉政建设"一岗双责"，也提倡"淡化管理，走向服务"的管理思路，管理策略重点放在指导和引领上，发挥班子成员自身优势，实现个人与学校共同发展，将管理制度落到实处。同时，营造人性化的管理环境，体现"以人为本"的学校管理理念。

（二）加强学习，树立发展意识

学校领导班子注重自我教育主要做好以下工作：一是加强政治理论学习，提高思想政治素质，增强党性观念、全局观念、群众观念、组织观念、责任观念，树立学校领导班子和领导干部的良好形象。二是通过学习与反思，拓展班子成员的专业内涵，增长实践智慧，提高班子成员的素质，促进核心团队的成长。三是促使班子成员个人在政治、业务素质上不断提高，爱岗敬业的自觉性不断增强，在思想上牢固树立法治观念，做到依法治校。

（三）注重团结协作，加强民主管理

学校领导班子注重团结协作，做到工作密切配合，工作分工不分家，处处发挥表率作用。工作中坚持民主集中制，做到科学决策，凡学校重大问题，如人事分工、评优评先、大额度资金使用、学校工作计划都需由领导班子集体讨论决定。学校坚持领导班子定期议事制度、校务公开制等，促进了民主集中制的有效实施。

（四）加强廉洁自律，树立务实形象

廉洁从教是树立教育系统良好形象的基础。学校大力开展廉洁教育，加强廉政建设。坚持廉洁教育进校园，对全体师生进行廉洁教育，领导班子成员带头承诺廉洁从教，接受全体师生和社会的监督。实行校务公开，凡学校重大事务，均向全校师生公示。

二、以思想道德建设为核心，促进师生身心健康发展

学校将提高师生综合素质作为创建文明校园的核心，贯穿创建活动的整个过程，以社会主义核心价值观教育为重要内容，培养师生良好的道德品质和文明行为，促进未成年人的全面发展。

（一）抓师德，促行风

1. 确立师德的核心——为人师表，教书育人

教书育人是教师的天职。教书是手段，育人是目的。"师者，人之模范也。""学高为师，身正为范。"教师必须以自己的高尚道德品质和健全的人格去潜移默化地感染学生。为此，每个教职工必须把为人师表作为一个重要标准，

来衡量检点自己的教育行为是否符合规范，发现问题，及时纠正。

2. 开展师德师风承诺活动

学校与每一位教职工签订师德师风建设目标责任书，把师德师风建设责任落实到每一位教师人头，进一步增强了广大教师教书育人的责任感、使命感、荣誉感和危机感，使全体教师主动适应德育教育新形式，创设"人人育德，德育人人"的氛围。同时，学校开展师德问卷调查工作，将教师是否有体罚学生、收费补课等行为制成问卷调查表，由各分管领导深入年级各班，面向全体学生及家长，对教师的师德情况进行无记名问卷调查。问卷结束后，调查表由学校分管领导直接从学生手中收回或由家长直接交学校行政办公室，每位分管领导再对各自负责的问卷调查情况进行分类统计。学校还邀请社区代表、家长代表等作为学校师德师风监督员，组成监督小组，负责听取和收集社会各界对学校的意见并及时反馈给学校，为家长、社会和学校架起一座相互沟通的桥梁。

3. 以专项整治为契机，加强师德师风建设

学校大会动员，宣讲师德教育的重要意义，动员教师自觉参与，认真学习，努力提高师德水平，结合自己的思想，展开讨论，自我剖析认真整改，做一个合格的人民教师。

4. 充分发挥党总支部政治核心和保证监督作用，强化法规学习

学校组织教师专题学习了《中华人民共和国教育法》《中华人民共和国教师法》《中华人民共和国义务教育法》《中小学教师职业道德规范》，并组织了全校教职工的专项考试，制定了《通川区一小师德规范考核细则》，与每一位教职工签订了"师德承诺书"，严格教师的教育教学行为，规范教学常规。学校杜绝违规办班和滥订资料现象，严厉禁止学校教师进行有偿家教行为。学校将"教师进行有偿家教行为"纳入教师年度考核、教师评先活动、教师职称评定等工作中，实行"一票否决制"。同时成立了以校级、中层领导为主的督查小组，认真开展巡查。

（二）抓规范，促校风

学校德育工作，重在为未成年人营造良好的健康成长的环境，为此我们制定了合理的工作目标、工作制度与考核细则。

1. 因材施教，分段实施

学校根据学生不同年龄段的特点，制定三个年段的德育工作重点，一、二年级充分利用新生教育时段，抓习惯养成教育；三、四年级防止分化，抓巩固提高；五、六年级抓理想、成才教育。另外，学校制定了学生行为规范"五有五无"，作为班级文明建设的基础。

2. 日常行为日常抓，规范教育抓不懈

首先，理顺德育管理机制，细化规范班级管理。学校要求各班开好一个例会——"班级管理经验交流会"（两周一次），加强班主任交流合作，加强班主任工作科研，培养一批班主任后备队伍。制定并落实两项制度——《班级考核细则》《班主任考核细则》。建立德育管理三本台账，细化、规范班级管理：一是《班级日志》，由学生干部记载班级每天的情况（包括好人好事、班级中出现的问题，还可以提意见建议），有了这本账，班级日常情况班主任、学校都能一目了然，《班级日志》的填写鼓励实事求是地反映情况与问题；二是《班主任工作周记》，由班主任一周一小结，包括本周做了哪些工作，存在什么问题，原因及对策，下周工作重点，差生跟踪，等等；三是《德育绩效登记本》，由政教处、大队部登记各班日常管理工作中的成绩、问题以及各种检查结果等，作为班主任考评的依据。

其次，调动、汇聚学校德育工作四股力量，共同推动学校德育工作。第一股力量是以班主任为主，各科任课老师协助形成的团队；第二股力量是发动学生干部、团队及优秀学生做好班主任的协助工作；第三股力量由学校领导、政教处、年级组长组成，负责德育教育的检查、抽查、督导、评价等；第四股是社会力量——街道社区、家长委员会、心理咨询室、校外辅导员等，调动社会资源，搞好学校德育工作，与社区、公安、武警等单位联合抓好文明共建活动。

再次，抓好学校德育常规工作，保障校园教学秩序，加强班级管理。学校要求做好《班级日志》、早读、广播操、眼保健操、读报等工作。落实班主任工作：做好《班主任工作周记》、家访、班会、主题班会、问题学生跟踪等工作。完善流动红旗评比制度。各班教室、清洁区卫生要求每日小扫，周五大扫。在流动红旗评比中，综合教导处常规抽查结果、学生评分、内外值勤日记等进行综合评定。做好周一升旗仪式及国旗下讲话。

最后，狠抓文明细胞建设。重视文明班级、文明教研室、文明办公室、文明家庭、卫生之家、"五好"家庭等文明细胞建设，实行分片责任制，做到有条件、有规划、有评比、有表彰，张榜公布并授予奖牌，推动文明单位建设。

三、活动阵地多样化，拓展学生活动途径

（一）坚持党管意识形态的原则，认真落实党总支部意识形态工作的主体责任

学校主动引导舆论，把握学校意识形态工作主导权，建设宣传阵地，强化舆论导向，在广大师生中大力开展社会主义核心价值观的学习宣传教育活动，充分利用橱窗、黑板报、学校广播站、国旗下讲话，进行广泛宣传教育，进一步健全

完善学生日常行为规范，加强校风、校纪、教风和学风建设，培养学生高尚的思想道德品质，促进师生良好行为习惯的养成。

（二）努力创建全国少先队名师工作室，加强学生思想阵地建设

学校认真贯彻落实全国少工委办公室《关于建设全国少先队名师工作室的通知》文件精神，进一步推进达州市少先队辅导员队伍专业化发展，从2016年开始，学校致力全国少先队名师工作室的创建工作。目前，达州市少先队名师工作室已在我校挂牌，15名优秀大队辅导员和具有发展潜力的年轻中队辅导员、科技辅导员、学科组长组成名师团队，通过开展主题活动、队课研究等发挥引领辐射作用，体现出工作室在少先队工作开展、少先队工作研究方面的指导价值。

（三）形式多样，开拓学生活动途径

一是开展手抄报系列活动，介绍校内校外的教育要事、大事，帮助学生了解最新的教育信息，展示学生的个人习作，增强学生创作的热情。二是定期开展板报评比，确定板报主题并对优秀板报进行展示交流和奖励，在全校开展宣传文明校园、文明学生的主题教育活动。三是在校园的墙面、楼道、橱窗、教室的展板等处，张贴社会主义核心价值观宣传标语、图片、文字资料等，帮助学生更好地了解文明校园创建的重要意义，增强文明校园创建的参与意识。四是设立专门的学校荣誉室，通过文字、图片、实物等资料，帮助学生了解学校的优秀教育成果、优秀教育人才、优秀毕业学生等，增强学生的爱校意识和凝聚力。五是加强现代信息技术手段的运用，设立学校网络，通过网页宣传、微信公众号、QQ群创建等方式，宣传文明校园创建、做文明学生等各项工作。六是加强学校社团活动阵地建设，开展丰富多彩的社团文化活动，并在艺术节、文化展演活动中展示社团活动成果。七是开展"小手拉大手，共创文明城"活动，走进社区、敬老院等场所，加强文化宣传影响力。八是与达州市消防支队合作共建，走进消防支队，了解消防与日常生活的紧密关系，为文明创建工作贡献自己的力量。

此外，学校还充分利用校园电视台、红领巾广播、橱窗、黑板报等校园文化阵地，充分发挥其宣传作用，努力营造良好的文化氛围。每周二下午第三节课为红领巾广播时间，宣传学校好人好事、扶正贬邪。橱窗、黑板报也成为学校专题教育的宣传窗口，学校和社会的重大事件、评论及学生对专题教育的体会都能够在校内橱窗和黑板报中得到直接的体现。

四、促进教师专业发展，加强教师队伍建设

（一）加强理论学习，提高思想素质

学校利用周会，组织教师学习《中华人民共和国教育法》《中华人民共和国

教师法》《中华人民共和国义务教育法》《中小学教师职业道德规范》《中共中央国务院关于进一步加强和改进未成年人思想道德建设的若干意见》等一系列教育法律法规，以会代训对教师进行师德教育，规范教师教育行为，规范学校的办学行为，提高教师教书育人水平，使教师端正教育思想，真心实意地关心爱护、培养教育每一名学生。

（二）加强师资队伍建设

教师是学校发展的关键。学校引导教师围绕学校、教师、学生发展中的问题进行校本研究，逐步形成"个人反思""同课互助""专业引范"三种校本教研的基本模式。在教学研讨中，学校广泛开展"教育沙龙""跟进式教学研究""教学开放周""教学研究月"等活动，搭建各种平台让教师在研究中，甚至在"磨难"中逐步形成自己的教学风格。此外，学校还大力开展"爱心""魅力""骨干"教师评比活动，引领教师向不同风格发展。

（三）提升教师科研水平

学校积极开展科研合作，承担各级科研项目，不断加大科研投入，完善科研管理制度，建立以青年骨干教师为核心的科研团队。学校承担了国家、省市级20余项研究课题，已公开发表学术论文70余篇，获国家、省、市级教学科研优秀成果奖10多项，并以课题成果带动强化教学实践。学校启动了教学内容、课程体系、实践环节等的人才培养模式的综合改革，倡导启发式教学和研究性学习，探讨教学理念、培养模式和管理机制的全方位创新。

五、大力弘扬先进文化，展现品牌教育风采

学校注重以人文和科学精神浸润校园、辐射社会，着力培养学校人文精神，构筑学校精神。校园文化建设是学校发展的精神动力和软实力。

（一）夯实校园文化建设的基础

学校成立了以校长为组长的校园文化建设领导小组，明确目标，落实责任，并制订了《通川区一小校园文化建设实施方案》，聘请专家并组织有艺术特长的教师进行了科学规划，精心设计校园环境，做到步步有景，处处育人，让文化元素充盈校园，让多彩校园处处体现育人理念，让学校成为蓓蕾绽放的花园。

（二）打造校园文化特色

学校文化具有强烈的育人功能，对学生个性的培养和品德的陶冶有导向作用，所以学校在"硬件"建设中注重了"硬件"的功能开发，做到了一屋一舍都"说话"，一花一木都"关情"，体现出强烈的教育性，努力实现了每一寸土地都有管理的痕迹，每一处角落都有育人的功能，将传统文化赋予现代精神，科学

中蕴含人文情怀。学校的走廊文化、班级文化、大型艺术壁画无不充分体现了学校的文化特色，校园处处洋溢着快乐、和谐、文明、尚美的精神风貌。

（三）学校有校训、校纪校规，悬挂上墙，要求师生人人知晓，人人做好

学校认真贯彻落实《中华人民共和国教师法》《中华人民共和国小学生守则》和《小学生日常行为规范》，学习"八荣八耻""社会主义核心价值观"，引导广大师生养成良好的行为习惯和科学文明、健康向上的学习、生活方式。

（四）坚持开展"说好普通话，写好规范字"的活动

学校把普通话作为校园语言，大力开展宣传，通过黑板报、广播、主题团队会等形式，营造语言文字规范化的氛围，强化语言文字示范工作，使全校师生在说好普通话，写好规范字成为自觉的行为，形成了浓厚的规范化的校园语言文字氛围。

（五）以"书香校园"作为校园文化环境的建设目标

学校倡导师生诵名著，读经典，记读书笔记，办手抄报，建立班级图书角，养成学生良好的读书阅读习惯。学校举行了"经典诗文朗读比赛"等系列活动，为师生提供了一方展示自己的大舞台，使学生尝到了成功的喜悦。

六、强化基础建设，努力创造优美环境

学校始终坚持教书育人、管理育人、服务育人的宗旨，通过抓规划、绘蓝图，抓建设、强基础，抓管理、上层次，抓美化、变面貌，成功地塑造了文明单位的外在形象，为广大师生的学习、工作、生活营造了良好的环境和氛围。

（一）打造和谐健康的校园环境

走近通川区一小，首先映入师生眼帘的是磅礴大气的校门，大大的"1"字造型，寓意学校不畏艰险、永争第一的精神，更寓意学校像一把蓄势待发的利剑，有可上九天揽月的教育梦想。学校建筑布局合理，风格协调，楼宇与广场相匹配，错落有致，曲径通幽，风格独特，配有水流瀑布、假山、喷水池、花园、棋艺园、种植园等设施。整个校园绿树成荫、鸟语花香，环境清新宜人。张爱萍将军题写的"求知、勤奋、文明、整洁"的大型校训，"仁、义、礼、智、信"的巨幅雕刻画，班级中的"学习园地"，走廊墙壁上悬挂的是学生科技、绘画、书法以及名人名言宣传等作品，班级图书角、走廊图书柜，无不激励着全体师生拼搏进取。

（二）继续推进校园绿化、美化、亮化工作

学校抓好校园绿化工作，大力开展全校性的绿化活动，每个班级都有绿化任

务，并用文明用语标牌和名言警句布置走廊，拓展视觉空间，做到环境育人。

（三）加强环境整治，净化校园环境

学校一是进一步加强校园卫生工作的组织领导，确定专门的管理员，严格按照学校卫生管理有关制度和措施，建立卫生检查评比制度，坚持做到勤管理、勤检查、勤评比，保证校园内无纸屑、无痰迹、无污水、无垃圾、墙壁无脚印。二是定期对校园卫生死角、学生食堂等场所进行整治，添设卫生设施，定期进行清理。三是加强学生卫生习惯的教育、培养，引导师生树立环保意识。通过举办专题讲座、环保知识竞赛，召开主题班会黑板报和校园广播等多种形式，教育广大师生养成良好的卫生习惯，用良好的行为习惯维护公共场所、校园环境卫生和生态建设。

（四）抓好校园安全保卫工作，坚决杜绝发生灾害事故

学校加强校园治安综合治理，门卫24小时不离岗，对外来人员详细询问，认真登记，杜绝安全隐患。大力弘扬助人为乐、互帮互助、扶贫济困、见义勇为的社会新风尚。动员全校师生参与校园综合治理，禁止买零食现象，在路口设置通行警示牌，保障师生的安全。

文明校园的创建过程，既是一个不断学习的过程，又是一个自我完善的过程，学校充分认识到创建工作对未成年人思想道德建设的重要意义，对教师师德师风塑造的作用。

鼓足风帆正远航。通川区一小将以争创全国文明校园为动力，与时俱进，开拓进取，以更扎实、更科学的常态工作，为把学校建设成为全国的特色品牌文明校园而努力奋斗。

落实"双减"，回归本真，
推动学校高质量发展

学生和家长负担过重是我国中小学教育面临的突出问题之一。为了减轻负担，提高教育教学质量，国家出台了"双减"政策。我们理应第一时间响应党中央、国务院的号召，认真贯彻落实，强化学校主阵地作用，落实"双减"，回归本真，推动学校高质量发展。

一、"双减"的背景

教育是学生成才的唯一路径，所谓"有教无类"就是指的我们公立学校的教育，只要是适龄学生，无论起点如何，都能获得教育的机会。但多年来义务教育存在两个突出问题。

（一）中小学生负担太重

因为我国的"高考选人"制度，导致家长们害怕自己的孩子落后于其他学生，从小就开始给"补课"，加上教培机构铺天盖地的广告，整个学习氛围非常沉闷，学生作业负担较重，作业管理不够完善，不仅带走了很多学生童年的快乐，更是给家长造成了巨大的补课负担。

作为一名校长，同时作为一位家长，我亲眼看到、体会到现在的孩子们真的太累了！不但身体累，精神更累。

（二）短视化、功利性问题现象普遍存在

中考会有接近一半学生被分流到职业学校，高考更是千军万马过独木桥，如何才能够从这些激烈的高考竞争中脱颖而出？智商超常的学生的选择有很多，那更多的普通学生的出路在哪里呢？

高考或许就是他们改变自己命运最公平有效的途径。所以，家长为了孩子能考上一所好大学，学生为了自己的前途，学校为了让升学率更好看，各种"军备竞赛"纷纷上演。从幼儿园到小学、初中、高中、大学，学生们会逐渐拉开差

距，而家长和学校会通过各种努力去缩小这种差距。比如，家长为孩子找各种培训班、"一对一"家教等。比如毛坦厂中学，让无数无缘本科的学生圆梦本科。

想让孩子考好大学，从高中才开始准备？那就晚了！要从幼儿园就开始才行！别的学校学生一天要做两张试卷，我们学校做5张！你的孩子报了3个辅导班，我们报8个！那谁家的孩子天天学到晚上12点，我们熬个通宵！"攀比"作法导致了校外培训过热，超前培训问题严重存在，一些校外培训项目收费居高不下，资本过度涌入存在较大风险隐患，培训机构"退费难""卷钱跑路"等违法违规行为时有发生。

这样的结果是什么呢？大家都付出了比以前多200%的努力，但是回报却跟以前差不多，这就是很多人口中的"内卷"！

教育"内卷"绝不是好现象，它只会加重学生负担，让学生、家长、学校都疲惫不堪却还要苦苦咬牙坚持。

所以，这个时候，"双减"来得非常及时。

党中央对此高度重视，站在实现中华民族伟大复兴的战略高度，对"双减"工作做出了重要决策部署，要求从政治高度来认识和对待。

二、"双减"的主要内容及五大亮点

"双减"减什么？"双减"减的是学生过重的课业负担、校外培训负担，以减轻家庭教育支出和家长精力负担，减的是违背教育规律的做法。

（一）"双减"实施后，减轻学生过重的课业负担的内容

一是作业总量得到有效控制。小学一、二年级不布置家庭书面作业，三到六年级书面作业平均完成时间不超过60分钟，初中书面作业平均完成时间不超过90分钟。

二是作业质量得到明显提高。教师要根据学生发展差异，分层布置基础性作业、拓展性作业，鼓励布置弹性作业和个性化作业，克服机械、无效作业，杜绝重复性、惩罚性作业，让孩子们从"题海"中解放出来。

三是方案明确。落实教育部有关规定，小学一、二年级不进行纸笔考试，义务教育其他年级由学校每学期组织一次期末考试，初中年级从不同学科实际出发，可适当安排一次期中考试。

（二）减轻学生和家长校外培训负担的内容

一是培训时间有限定。校外培训机构不得在学校正常行课期间组织学员培训，培训结束时间不得晚于20：30，线上直播类培训活动结束时间不得晚于21：00。不得占用国家法定节假日、休息日及寒暑假期组织义务教育阶段的未成

年学生学科类培训。

二是培训行为有规定。严禁超纲超标超前培训及与招生入学挂钩，教材使用、教师讲授都必须按照国家有关规定执行。

三是收费有监督。要将义务教育阶段学科类校外培训收费纳入政府指导价管理，收费要公开透明。

三、"双减"的意义

《意见》是党中央、国务院部署的一项重要政治任务，中央关心、群众关切、社会关注，事关国家未来、民族发展。从为党育人、为国育才的战略高度，坚持以人民为中心的教育理念，克服功利化、短视化教育行为，为落实立德树人根本任务、发展素质教育，保障每个儿童的健康成长做出的重大决策，关系到每一个孩子的健康成长、全面发展。

四、"双减"的本质

《意见》指出："落实立德树人根本任务，着眼建设高质量教育体系，强化学校教育主阵地作用，深化校外培训机构治理，坚决防止侵害群众利益行为，构建教育良好生态，有效缓解家长焦虑情绪，促进学生全面发展、健康成长。""双减"政策的落实一方面要减轻学生负担，另一方面要将阻碍教育公平、影响考试评价结果真实性的因素着手解决。可见，"双减"的核心是让教育真正回归"立德树人"的根本任务，让老百姓真切享受到教育改革的成果。

功利化、短视化的中小学教育，相信"时间+汗水"，不尊重教育规律，不相信教育科学。实施"双减"政策，是对教育规律的回归。

第一，坚持全面发展规律。"减负"从根本上说，是要优化学生的成长环境，改变单一的应试教育局面，保障学生的德智体美劳全面发展，这本身既有利于学生的健康成长，也有利于提高学生的学业成绩。一项高中教育质量监测结果表明，喜欢体育、艺术的学生比不喜欢体育艺术的学生学业成绩平均高40分。

第二，坚持身心和谐发展规律。现在，不少家长缘于对子女未来教育前景的不确定性，患上了严重的"教育焦虑症"，导致了中小学生的过度教育，其突出表现就是通过给孩子报各种各样的培训班，以增加对未来所谓优质教育追求的安全感。这种过度教育不仅违背教育规律、危害儿童的身心健康，甚至以牺牲孩子身心健康为代价。

第三，坚持知行合一规律。中小学生的学习，不仅需要掌握书本知识，更需要通过实践活动，促进其智慧的发展。实施"双减"政策，必须调整中小学的教育活动结构，在减少大量单调、重复、低效的知识学习负担的同时，着力加强学生的综合实践教育。

第四，坚持因材施教规律。实施"双减"政策，必须优化课内外教育结构，在满足学生教育需求侧上下功夫。中央要求"鼓励支持学校开展各种课后育人活动，满足学生的多样化需求"。这里，学校必须科学定位和整体优化教育课程育人体系和课后育人体系的关系。

如果说，学校课程育人体系是实施国家课程标准、着力提高国家规定的必修基础课程实施质量，那么，学校课后育人体系则应立足于满足学生个性化、差别化、实践性学习需求，满足学生"作业、实践、扶弱、特长"等多样化学习与发展需求。这两个体系，一个致力保障学生的全面发展和共同基础，一个致力学生的个性发展和综合素养的培育。

五、"双减"的途径：教育观念大变革

实施"双减"政策，不仅是对我国教育格局的重大调整，更是教育观念的大变革，需通过抓好"四个纠偏"、注重"四个校正"、推进"三个提升"等途径实施。

（一）抓好"四个纠偏"

我国中小学教育受到应试教育的严重干扰，带来了一系列教育观念的扭曲。实施"双减"政策，从本质上说，是对一系列教育观念的纠偏。

第一，纠正育人初心之偏。教育的本质是立德树人，不是应试竞争的"跑马场"。要宣传教育引导全社会凝聚共识，尊重儿童的休息权、健康权，减轻学生过重的作业和校外培训负担，走出"短视化、功利化"教育的困境，从根本上守住儿童身心健康和人格健全的底线，否则，教育就失去了应有的意义和价值。

第二，纠正违规竞争之偏。不少地方、不少学校、不少家庭，为了在升学竞争中抢得先机，坚信所谓"不让孩子输在起跑线上"，各种违法违规教育行为大行其道。如果这种受极端功利的应试教育驱动的各种违法违规办学行为得不到有效制止，整个教育就不可能走出内卷化的"剧场效应"和"囚徒困境"。实施"双减"政策，就是依法依规治教，恢复和重建良好教育生态。

第三，纠正超前学习之偏。学校是专门的教育机构，承担着国家培养和教育下一代的公共职责，而校外教育则是学校教育的有益补充。遗憾的是，当下的校外教育俨然成了学校教育的另外一个实施主体。各种培训机构实施"超前学习""超标学习"，成为赢得客户的不二法门。

第四，纠正负担过重之偏。由于短视化、功利化应试教育的驱动，中小学教

育围绕升学考试科目，大量增加学生的上课、作业、考试和校外学科培训时间，导致学生单一的考试升学负担日益沉重，学生的学习生活日趋单调，既破坏了学生德智体美劳全面发展的教育生态，又严重影响了学生的身心健康和学习、生活质量。

实施"双减"政策，要调整优化学生的学习和生活结构，既要做好减轻学生过重的作业和校外培训负担的"减法"，又要做好促进儿童全面发展、个性发展的"加法"。

（二）注重"四个校正"

第一，校正公益属性。基础教育是国家必须提供的公共产品，不是投资，不能让资本肆意横行。无论是学校教育还是校外培训机构，都必须坚持教育的公益属性，不能把"良心的事业"，变为"逐利的产业"，更不能成为一些人逐利的工具。从维护公平正义来讲，教育公平是社会公平的基石，教育不能成为奢侈品，更不能让优质教育成为少数有钱人的"专利"。实施"双减"，本质上就是让教育回归公益属性，让所有老百姓的孩子都能"好上学""上好学"。

第二，校正根本任务。教育的根本任务是立德树人。学校要按国家有关规定开足开齐体育、美育、劳动教育课程，关爱中小学生心理健康情况，建立完善家校协同育人机制，着眼构建德智体美劳全面培养的育人体系，把立德树人融入思想道德教育、文化知识教育、社会实践教育各环节，全面实施德育铸魂、智育提质、体教融合、美育熏陶、劳动促进"五大行动"。

第三，校正办学方向。基础教育对一个人的一生会产生深远的影响，基础教育必须体现国家意志，要坚持教育为人民服务，为中国共产党治国理政服务，为巩固和发展中国特色社会主义制度服务，为改革开放和社会主义现代化建设服务。学校要培育和弘扬社会主义核心价值观，系统推进思政课改革创新，把培养社会主义建设者和接班人落实到课堂、社会实践以及学校文化和管理各方面，引导广大青少年热爱和拥护中国共产党，立志听党话、跟党走，立志扎根人民、奉献国家。

第四，校正评价导向。教育评价是教育发展方向，有什么样的评价指挥棒，就有什么样的办学导向。学校要按照《深化新时代教育评价改革总体方案》部署，建立以发展素质教育为导向的科学评价体系，全面梳理学校章程和各项规章制度，加快改进和完善中小学生综合素质评价体系，推动破除"五唯"顽瘴痼疾取得实质性进展。

（三）推进"三个提升"

第一，提升学校教学质量。教育教学是学校的生命线，学校要把教学改革作为提升教学质量的根本着力点，向改革要动力，向课堂要质量。坚持规范教学管理，坚持优化教学方式，坚持发挥教研支撑作用。以"互联网+"赋能教育教学，加快智慧学校建设和应用，推进数字化、智能化、个性化教育，让课堂教学在变革中提质增效，努力上好每一堂课。

第二，提升作业管理水平。规范作业管理是扭转学校作业过多、质量不高、功能异化等突出问题的根本之策。学校要把作业管理作为重中之重，严控作业总量，优化作业设计，创新作业方式，探索跨学科综合性作业，避免机械、无效训练，切实减轻过重作业负担。

第三，提升课后服务水平。课后服务是满足学生多样化需求的根本途径。如果说学校课程育人体系以实施国家课程标准、着力提高国家规定的必修基础课程实施质量的话，那么学校课后育人体系则应立足于满足学生个性化、差别化、实践性学习需求。学校要在完善课后服务机制上下功夫，加快推动课后服务全覆盖，确保课后服务常态化、规范化开展。

六、"双减"怎么做

学校要通过落实作业管理，做优课后服务，持续培优提质，严格考试管理，加强校外培训机构监管，着眼学生全面发展，整体提升学校教育教学质量，让学生学习更好回归校园，让教育回归育人本质。

"双减"的本质是"减负"+"增质"，学校着眼于学生全面发展，健康成长，重点聚焦作业管理、课后服务、培优提质等方面。唯有三"减"三"增"，减得"恰到好处"，增得"卓有成效"，既要让学生"减"得有成效，也不能让教育"增"出新问题，这样才能实现学生的全面发展。

（一）"双减"减的是负担，增的是素养

被过重的作业负担和良莠不齐的校外托管班、培训班所拉扯的中小学生，不仅负担太重，影响正常学习，而且身心健康更难以保障。"双减"让中小学生从不合理的、过重的学习负担中解放出来，让社会教育、家庭教育、学校教育有更多可能去关注学生个体的健康成长和全面发展。减负不是减去负担，而是减去过重的负担；减负不是让人不努力学习，而是让人养成学习需要的自动学习能力；通过这个减法，学生拥有更多的时间不是用来挥霍浪费，而是要更加珍惜。"双减"推进让处于成长阶段的中小学生拥有了较多自主安排的时间，这样既可检验学生是否拥有积极正确的学习态度，也能让学生看到自我是否形成良好的学习习惯、行为品质。"双减"减的是负担，增的是素养，即学生要养成自律的好习惯，做好自我管理，增强自主学习的能力，学会做好规划，科学学习，脚踏实地，涵养学识，培养良好的兴趣爱好，从事力所能及的家务劳动，加强社会实

践，努力实现个人健康成长和德智体美劳全面发展。

虽然"双减"实行，学生更要提高对自己的要求，经常查漏补缺，提高学习效率。

1. "双减"政策背景下学生学习模式该如何变

在学习这件事情上，中华人民共和国成立以来已经走过了三个时代——天赋红利时代、资源红利时代、努力红利时代。

天赋红利时代，是指在几十年前，中国教育缓慢复苏、教育资源匮乏、教育市场尚未形成的时代。那时候，能够在学校取得好成绩的往往是一些比较聪明、有天赋的中学生。

资源红利时代，是指随着中国经济、社会的发展进步，部分区域的教学质量得到提高，教育资源不平衡的时代。在这个阶段，一线城市和重点高中的中学生占尽优势。

努力红利时代，就是资源弱势的小城市、县城学校为了应对大城市优质资源寻找到的突破口的时代。军事化管理、高压教育、题海战术等在学校开始流行，而最早进入极限努力模式的学校和中学生，确实获得了红利将"勤能补拙"的力量发挥得淋漓尽致。

而现在，三种红利带来的边际效益正在递减，而新的、可用的红利就是学习策略。

学习策略，指的是能够提高学习效率的思维方式和学习方法。通过调整思考方式、学习理念、学习习惯、学习行为和学习辅助，我们能够取得更好的学习效果。也就是说，谁越会学习，谁就越能学得好。

（1）坚持"我"是学习的中心。高效学习，必须建立在以学生为中心的基础上。对于高效学习者来说，学习的中心应该是学生自己，而非父母、老师和学校。越是高年级的学生，所学的知识难度越高，学习压力越大，他们也就越需要以自我为中心进行学习。学习高手有很多类型，但可以归纳为两大类：有些人纯粹因为先天智商太高，不需要精密的学习方法，按照普通人的方式随便学学也就学好了；也有些人就是普通人，但由于掌握了正确的方法并不断地努力学习，最终变成了学习高手。

（2）学会"分层处理"。学生对老师布置的题目采用"分层处理"的技巧，大部分题目可以不重复做，小部分题目深入理解后，整理到自己的笔记本上。学习便是这样以自我为中心进行的。学校、老师、课程、教辅资料、作业，都只不过是他的工具和辅助资源。这些辅助资源环绕着他，根据学生的需求随时变化，学生要做到自由取舍。真正的学习高手，就应该依据他的需求或进或退或增或减，十分灵活。

（3）培养自主意识和能力。越是高手，越需要自主；年级越高，越需要自主。越是优秀的学生，越需要以自我为中心，进行自我学习规划、执行和调整。这一规律广泛地呈现在我国的教育体系里。在我国的教育环境中，最好是学生在高中阶段已经具有完善的自主学习和自主管理能力，而为了达到此目的，倒推回去，学生在初中阶段就应该开始大量地自主学习试错和修正，在小学阶段应该具有初步的自主学习管理意识。在此过程中，老师和家长最好能成为学生有力的学习教练，一点点地指导学生如何进行自主学习管理，学会以自我为中心安排学习计划、执行和调配学习资源。那么，如何安排学习是一种权力，而学生自主学习能力的培养便是一场权力的交接。老师和家长应当逐步让位，而学生当如年幼的君王继位一般逐步掌权。越早地意识到学习要以自我为中心，学生就能越早地进入高效学习中。

2. 开展多彩的兴趣活动，培养学生综合素养

"双减"的核心内容我觉得就是培养学生全面发展的能力，培养学生的素质。学校可开设科技、艺术、体育等兴趣社团，学生通过参与多种活动，使自身素质得到全面培养。学校通过走进博物馆、科技馆等多种课外实践活动，引领学生积极主动地学习和体验，使学生的整体素质得到比较好的发展，并在多种活动中体现知识素质、能力素质、方法素质等方面的提高，从而让孩子得到更加全面的发展。

3. 整合使用校外资源，开展学生研学实践

学校要着力优化使用校内资源，整合使用校外资源，统筹校外实践活动课程，鼓励开展学生研学实践，为学生职业体验、社会实践、生涯教育等创造条件。

四川省教育厅等14部门发布了《关于进一步推进中小学生研学旅行实践工作的实施意见》。该意见鼓励和支持全省各级各部门要从思想、政策、标准、组织保障、学校和基地实践等方面进一步深化认识、完善措施。加强研学旅行基地和课程建设，做优研学旅行实践课程和教材；形成部门协同合力，促进快速发展。

（二）"双减"减的是数量，增的是质量

当下，学科类培训机构的关停、学生过重作业负担的减轻、课后延时服务的增加，都在向学校要"加法"。落实"双减"政策，源头在学校，成效也在学校，需要学校提升质量、降低数量、因材施教、因校制宜，最终实现学校整体育人水平的提升。学校落实"双减"政策，重点"减"在学生过重作业负担和考试压力，着力破除唯分数、唯升学等痼疾；而"双减"的"增"，主要在质量和效率上下功夫。针对"双减",学校需要进一步"提升课堂教学质量,提升作业效能,提升课后服务质量;加强教师队伍建设,加强学生学习指导,加强家校协同育人"。学校在增质时,要不断培养教师的教育情怀,增强教师的职业幸福感,只有真正幸福的教师,才能教出内心充盈的学生;要引领教师进一步更新教育理念,积极探索教育改革的有效路径,研究教法,指导学法;要在课后服务的内容、形式、实施和保障上发力,注重为学生提供多元选择,满足不同学生的发展需求,激发学生的学习兴趣,让学生的课后学习变得丰富而有意义。只有全面提高教育教学质量,切实守好学校教育主阵地,坚持立德树人,"五育并举",同时加强与家长的沟通交流,形成教育联盟,做强做优学校教育,才能让学生真正回归校园。

1."双减"之后,教师如何提高教学效能

(1)让心态有调整

"累"应该是教师最近的内心独白。"双减"形势下,教师需要顺时顺势转变观念,强化职业责任。在有限的课堂时间中,精心备课,全心上课,用心辅导,专心批阅,倾心反馈,切实做到有职必有责,有责必有担,有担必有效。在大形势下,善于调整自己的心态十分重要,教师只有有一个积极健康的心理状态才能正向地影响学生,教师要找到适合自己的放松方式,平衡好工作与生活的关系。

(2)让共情有力量

"双减"形势下,教师要由粗放式教学向精细化教学迈进,在学情了解、学生思维调动、课程内容钻研、教学环节预设、评价用语等方面都要有精细化的准备。课堂上,教师要有效地引导、讲解,促进学生深层理解、主动探究,让学生学习的过程成为一个不断发现问题、分析问题、解决问题的过程,从而让课堂变得更加灵动,充满思维碰撞的火花,提高课堂效率,提升教学质量。要想让自己的教学有效,对教学对象也要有所关注,教师要走近学生,注意观察学生每天在校的情绪状态,和学生共情,从而给自己的教学赋能。

(3)让时间有条理

教师的在校工作时间变长,为了提高教学效能,要注重提高课堂的有效性,充分利用好课堂40分钟,用心设计好每一节课,管理好自己一天的时间。例如,我会在开始工作前先给自己泡一杯茶,安排好一天的工作任务,记录工作安排,写下温馨提示并常伴办公桌。

(4)让作业有层次

"双减"形势下,要想解放孩子,教师最关键的是要解决作业设计的问题。

首先，要设计好学生做作业的合理时间。如果学生做作业的时间过长，学习效果就会大打折扣。其次，作业设计要层次化。每个学生的基础不同、接受能力也不同，因此作业的布置和收效就会有差异。分层作业的布置，能够让不同层次的学生都有收获，都有提升，对教学效能的提升也大有帮助。学生作业在精不在多，减少重复、机械式的练习，转为有针对性的分层作业、奖励式作业。例如，语文学习的基础字词，先默再写。默得优秀的同学可以获得奖励式作业，而掌握不太好的同学，可以针对自己错误率较高的内容进行二次识记。

（5）让评价有多元

对学生积极鼓励，多元评价，关心关爱关注每一个学生，从学生性格特点、特长爱好、人际关系等多方面进行评价，培养学生自信心，让每一个学生全面而有个性发展！

2."双减"下的延时服务：推行"托管+拓展""5+2"模式，提升课后服务质量

（1）"5+2"的定义和内容

中小学课后服务将推行"托管+拓展"和"5+2"模式，即学校每周5天都要开展课后服务，每天至少开展2小时。在服务内容方面，方案也很明确，学校要利用课后服务时间，指导小学生基本在校内完成书面作业，初中学生在校内完成大部分书面作业。学校要积极开展丰富多彩的科普、文艺、体育、劳动、阅读、社团等活动。针对学生"学足""学好"的需求问题，方案提出要支持学校在课后服务时段因材施教分层开展学生学习辅导，对学习有困难的学生进行补习辅导和答疑，为学有余力的学生拓展学习空间。

（2）推行"托管+拓展"模式，提升课后服务质量

课后服务内容主要以作业托管和提升拓展为主。托管指学校利用课后服务时间指导学生完成书面作业，原则上做到小学生作业不出校门，初中生在校内完成大部分书面作业。拓展主要分为两个方面：一是学校为学生提供文艺、体育、劳动、阅读、社团等兴趣课程，让学生拓展兴趣；二是学校对学习有困难的学生进行补习辅导和答疑，为学有余力的学生拓展学习空间，解决学生学习"跟不上""吃不饱"的问题，为学生提供个性化的教育。

关于课后服务的提供主体，方案指出，课后服务一般由本校教师承担，也可聘请退休教师、具备资质的社会专业人员或志愿者提供。课后服务不能满足部分学生发展兴趣特长等特殊需要的，可适当引进非学科类校外培训机构参与课后服务。

在收费上，将遵循"家长自愿、成本补偿、非营利性"原则，加强对中小学

课后服务性收费的管理和监督检查，督促建立健全收费管理制度，做好收费项目和收费标准公示。严禁以课后服务名义乱收费。对家庭经济困难的学生，减免课后服务费用。

（3）实施课后服务，教师权益如何保障？

调动教师参与课后服务的积极性，确保课后服务质量，需要保障教师的正当权益。课后服务的提供主体由教师来担任，但不会加重教师负担。中小学校要针对课后服务情况，修订教育教学管理制度，统筹安排教师实行"弹性上下班制"，切实保障教师学习、备课时间及休息权利。同时，建立教师激励机制，将课后服务经费主要用于参与课后服务教师和相关人员的补助，并将教师参加课后服务的表现作为职称评聘、评优评先和绩效工资分配的重要参考。

（三）"双减"减的是焦虑，增的是责任

"双减"之下，教育将开始分层，家长应担负起更多责任。"双减"之下，学生差距会进一步拉大。清华大学教授刘瑜曾经说过这样一句话："教育的目的其实是为了分层。"听起来有些残酷，中考之后注定会有人考上高中，有人会去中职。考上高中的人中会有人考上清华北大，有人考上普通一本，有人考上专科学校，有人名落孙山。教育就像自然法则一样让学生"优胜劣汰"，逐渐分层。在"双减"之后，缩小学生之间差距的途径虽不能说完全封死，但是绝对没有以前那么好走了。看看教育部对学校的要求吧，减少考试次数，取消周考、月考、单元考，作业量不能超出要求，音体美等课程必须开齐开足，等等，以后，学生在学校一定会开开心心的，其乐融融。再看看培训机构，教师办班情况将会进一步减少，在这种形势下，谁要是敢顶风而上，那绝对是自己往枪口上撞。至于校外培训机构，看看最近的新闻，有多少教培机构倒闭？这些路都走不通了，这就注定学生之间的差距会越拉越大。那么，有没有办法解决这个问题？当然有，两个方面：一是学生自己，二是家长应担负起更多责任。

先说学生，千万不要因为压力少了、负担没了，就整天乐乐呵呵的。现在的考试次数少了，没有分数的压力，很可能会有一部分学生对自己的实力形成错误的认知。我好像学得还行，这些我应该都会了！等到了期末考试，一下子现了原形了，只能再回头去补，还保证不了补习的效果如何。所以，以前孩子成绩落下了，家长给找个家教就行了。现在，家教不是那么好找了，家长的作用将会更加凸显。

家长的作用并不是说一定要家长去辅导孩子，而是去陪伴，关心孩子，跟孩子一起成长，一起进步。家长永远是孩子成长的第一责任人。为此，教育部发文提出，家长要有意识担当、角色担当和行动担当。平时多跟孩子沟通，了解孩子

的思想状况，多跟教师沟通，了解孩子在学校的表现、学习情况等。如果家长再像以前做个甩手掌柜，那将十分不利于孩子的成长。

社会因素、文化因素、个人因素的相互作用，都在催生家长的教育焦虑。"双减"需要家长减少焦虑，负起家庭教育的责任。

1. 家庭教育要有正确的理念和方法

学习理解"双减"政策的意义，学习了解教育发展新动态，学习教育的新思想新方法，增强教育的理性和科学性。避免随意或过度为学生安排校外培训，给学生造成过重校外培训负担。家长常有让孩子不输在起跑线的思想，把超前学习、过度学习作为法宝，把起跑线当成了分数线，一味追求分数的高低，经常拿孩子与他人作比较，而忽视了个体差异的存在，这本身就是有违教育规律的。超前的、过重的负担，不仅不利于孩子的身心健康、长远发展，更是提前消耗孩子对未来的好奇。家长要充分认识到比分数更重要的是身心健康，比学业更重要的是愉快成长，要尊重人的成长规律，尊重孩子的特点和成长需要，切不可揠苗助长。

2. 家长一定要抽出更多的时间陪伴孩子

许多家长都存在过分依赖学校和培训机构的情况，而孩子成长中需要的情感、文化、环境等，都需要家长及更多的主体共同参与。家长要树立"教育好自己的孩子是你最重要的事业"的观念。多严格要求自己，"双减"后，孩子少了校外培训，减了过重负担，多了自主时间，家长要用心规划和孩子在一起的时光，对孩子多鼓励多信任多陪伴，以自己良好的心态和生活工作习惯，去影响孩子的学习生活状态，让孩子快乐学习、健康成长、幸福生活。与孩子多沟通，与孩子一起读书、学习、运动等，以丰富且有意义的家庭教育去引领孩子。与孩子、教师、学校保持畅达、良性的沟通状态，尽量避免认知不协同、信息不对称造成家庭教育的负面影响。

3. 家长要持续提升自身的教育能力

家长给予孩子最好的爱，就是自我持续的成长和进步！家长是孩子的第一任老师，也是孩子的终身老师，家长的言传身教在孩子成长中起着不可忽视的作用。在当今社会，家长需要不断提升自己的能力，加强学习，与时代同向同行，才能更好地教育孩子、引领孩子。

教育是民生之基。减负不能降低教学质量，如何让"双减"政策落地见效，使其科学高效地融合到教学系统中去，需要每一位教育工作者不断地思考与探索，需要学校、家庭、社会密切配合，精心组织实施，务求取得实效，将本该属于学生自由探索、身心健康发展的时间还给学生，引导学生全面而有个性地发展，真正体会到童年的幸福，成为德智体美劳全面发展的社会主义建设者和接班人。

（四川省王仕斌名校长鼎兴工作室智力服务基层走进各市州专题报告）

把"五项管理"融入"五育并举"之中

几年来，教育部连续发文，对加强中小学生作业、睡眠、手机、读物、体质管理（简称"五项管理"）进行部署，"五项管理"看似小事，实则是关系学生健康成长、全面发展的大事，是引领教育评价改革的关键事。

通川区七小新锦学校坚守"立德树人，育人为本"的根本宗旨，将"五项管理"作为先手棋和着力点，发挥"一子落而全盘活"的重要作用，将"五项管理"融于"五育并举"之中，通过结构化顶层设计，打出一系列组合拳，确保"五项管理"全覆盖、深落实，为学生快乐、健康成长保驾护航。

一、"五项管理"之作业管理

（一）建立领导小组，健全作业制度

学校成立了专项领导小组，建立健全各项相关制度，如《作业管理制度》《作业公示制度》《作业监控制度》《作业审批制度》等。

（二）调控时间，作业审批

教研组从作业目标设计、作业属性分析、作业质量评价与调整、作业完成情况分析与作业优化等环节入手，从单元整体设计入手，抓重点，破难点，夯基础，研制了基础性的标准作业、主题性的综合作业、实践性的创新作业、选择性的奖励作业，使我们的作业设计从规范、标准走向多元、个性。

每日作业由班主任协调各科教师，把控作业量，完成《作业审批单》严格控制作业完成的时间，培养学生自主学习和时间管理能力，避免学生回家后作业时间过长，挤占正常睡眠时间。

（三）优化作业形式，智育为重

1.基础巩固重差异，目标提升重梯度

作业设计尊重学生个体差异，增强作业梯度性、自主选择性。学校将基础作业设计分为两到三个层次。以语文作业为例，梯度一设置为掌握课本中出现的生字词，结合趣味性的识记和听写，激励学生巩固基础；梯度二设置为结合学过

的生字词进行归纳总结，寻找识记规律，进而达到巩固的目的；梯度三则需要在一、二层次的基础上进行知识扩展。

在作业分层的基础上，学校尊重学生的自主选择，切实提高学生的能力。此外，在作业设计上，学校还特别关注对学困生的激励与成功体验，设计符合他们的基础性作业，以小组合作帮扶的方式，同时放大他其他方面的优点，及时鼓励与表扬，以此来增强他的情感体验，进而促使他更加积极主动地完成作业，学会学习。

2. 拓展提升显创意，动手实践见真知

拓展层面作业的设计要遵循新课标的教学理念，从教材出发，由课内向课外延伸。结合"睡眠管理"的要求，学校以年级为单位合理安排课后家庭作息时间表，选取适量拓展性作业。

学校提前安排好学生一周内需完成的内容，其中睡眠时间必须不晚于21点。孩子每天如实填写完成情况，家长每周进行评价，各班两周收一次表格，每月月末上交至教导处进行统一管理。

学校会关注并激发学生完成作业的兴趣和热情，尝试着变换角度、变换思维、变换方式地布置作业，给学生提供思考、创造、表现和成功的机会，让每一个学生都能遇见更好的自己。

二、"五项管理"之睡眠管理

睡眠对促进中小学生大脑发育、骨骼生长、视力保护、身心健康和学习能力与效率提高至关重要。为保证学生享有充足的睡眠时间，促进学生身心健康发展，通川区七小新锦学校是这样做的。

（一）明确睡眠时间

根据不同年龄段学生身心发展特点，小学生每天睡眠时间应达到10个小时，睡觉时间一般不晚于晚21：20。开学初，学校通过公众号、国旗下讲话、班队会、家长会等多方渠道进行宣传，开学一段时间后，学校制定并下发了学生"睡眠管理"跟踪调查表，根据学生的一周填报情况，各班主任进行分析，及时与学生、家长联系，切实将学生睡眠工作的开展落到实处。

（二）合理安排午休

为了保证学生中午在校的午休时间和质量，学校统一安排学生每天中午在校午休40分钟，各年级各班教师实行交叉托管，教导处相关同志每日检查督导，并在学校群里通报每日午休情况，一个月以来，全校学生基本已养成午休的良好习惯。

三、"五项管理"之手机管理

学校根据《教育部办公厅关于加强中小学生手机管理工作的通知》文件要求，通过多种形式加强学生手机管理，营造有利于学生健康成长和学习的环境。学生原则上不得将手机带入校园。如有个别学生因特殊情况需要将手机、电话手表等其他电子产品带入校园的，须经学生家长同意、书面提出申请，进校后应将手机交由班主任统一保管，放学离校前到班主任处取回。在校期间如学生需要联系家长，可以通过班主任教师联系家长；如家长临时联系学生，可致电班主任教师联系。

同时，学校要求各任课教师不得将手机带进课堂，教师通过课堂板书方式给学生当面布置作业，不得要求学生单独利用手机完成作业，如有使用手机的要求需通知家长知晓并请家长陪同学生一起完成，让学生的学习远离手机，不依赖手机。

四、"五项管理"之读物管理

学校始终贯彻落实好课外读物的推荐和管理工作，努力为学生打造书香校园，塑造内涵丰富、特色鲜明的阅读文化。为规范课外读物进校园管理，防止问题读物进入校园，充分发挥课外读物育人功能，学校教导处和语文组全体教师按照教育部相关要求，认真排查图书室、阅览室、各班级图书角的图书，发现不符合要求的书籍一律封存管理。此外，学校还要求各班级通过多种方式推荐读物，设立班级读书角，开放学校阅览室，开设阅读课，规范学校学生读物购买和使用，营造书香校园。

其间，各班级还通过家长群、家访等方式，使广大家长熟知教育部《中小学生课外读物进校园管理办法》中规定的不宜读物，并要求家长对家里的图书进行排查，发现不符合要求的图书应封存，禁止学生阅读。鼓励家长多带孩子到书店、图书馆，有选择地向孩子推荐有益身心健康的书目，激励他们认真阅读，养成良好的阅读习惯。

五、"五项管理"之体质管理

（一）开足开齐课时

学校保证按照国家课程体系规定开足开齐体育课程，不以任何理由挤占体育与健康课程和学生校园体育活动。

（二）保证时间，提高质量

学校严格落实"阳光体育一小时"活动，全面落实大课间体育活动制度和眼保健操制度。同时每节课间鼓励学生走出教室活动，大力推广集体体育锻炼项目，让每个学生掌握一项至两项运动技能。

（三）课后服务

学校开设体育类课程，指导学生科学运动。

（四）重视学生视力，规范眼保健操

学校组织全体学生每天上午、下午各做一次眼保健操。建立学生视力状况监测机制，落实每学期全覆盖视力筛查。

（五）举行运动会，展运动之美

学校每学年定期举办校级运动会，让学生展示运动健儿的风采，增强自信。

（六）健全机制，强化督导

学校明确责任分工，开展学生身体素质健康监测工作，建立学生体质健康档案，将体质健康管理工作纳入学校的日常管理。与此同时，学校还出台了《通川区七小新锦学校体质健康测试制度》《通川区七小新锦学校大课间活动方案》《通川区七小新锦学校"两操"评比方案》等制度措施。

"五项管理"工作的落实，关乎学生的健康成长和全面发展，通川区七小新锦学校将此项工作做实做细，为学生的健康成长奠基。

课程改革铸辉煌　特色教育谱华章

达州市通川区第七小学校是一所辖三个校区、一个分校和五个引领学校的小学教育集团。学校本部位于达州市通川区朝阳东路259号，始建于1965年，占地6.5亩，建筑面积7413平方米；2007年9月整合原达州市电大彭家湾校区，设立七小彭家湾校区，占地2.3亩，建筑面积3164平方米；2016年9月在达州市通川区西外镇白塔路新建七小新锦校区，占地37亩，已经完成并投入使用的第一期教学楼建筑面积9700平方米，即将投入建设的第二期体育馆等设施6800平方米。学校现有61个教学班，学生3600余人。

近年来，达州市通川区第七小学坚持"立德树人"的教育方针，以培养学生核心素养为根本，坚守"通文广艺、七彩人生"的学校文化和"敢为人先、勇争一流"的七小精神，践行市、区党委、政府"打点示范，创四川省一流示范小学"的殷切希望，做真实的教育，精耕细作，朝乾夕惕，奋发图强，砥砺前行。为了实现这一宏伟目标，学校从"六艺教育"走向"七彩教育"：通文广艺，七彩人生——孩子们能够将各学科触类旁通，知行合一，多才多艺。学校既着力生命成长、文化浸润，又赋予阳光雨露滋养，让孩子回归自然和社会，培养具有健康体质、阳光心态、和雅气质、自立自强、得体礼仪、良好习惯七小烙印的学子，为每一个孩子个性化成长提供了无限的可能，使他们做到各有所长，各美其美。

学校先后获"全国艺术教育工作先进单位""全国国民语文应用能力实验校""全国阅读教育先进集体""全国科研兴教先进单位""全国三八红旗集体""全国少先队红旗大队""中国名校""全国五好小公民活动示范学校"，四川省"文明单位""校风示范学校""百所艺术教育特色学校""科技教育示范学校""小公民道德实践基地""体育达标先进单位""模范教工之家""家长示范校"等近50余项国家、省、市殊荣。

一、强化德育建设，点燃学生人文素养

学校德育工作着力"关注每一个孩子""关注孩子的每一个方面""关注孩

子的终身发展"，坚持"以社会主义核心价值观为引领，以爱国主义为主旋律，以品行养成为主线，以主题教育和实践活动为载体，以熏陶感悟、体验提升为途径"，面向全体学生开展以学生参与为主体的丰富多彩的德育活动。"小活动，大德育"、小主持人大赛、环保志愿者招募、大队干部招聘、学校景观"浸润池"命名征集等活动，让每一个学生在活动中都能找到一个位置，扮演一种角色，在潜移默化中提升修养、锻炼能力；让每一个学生从实践—体验—引导—升华的成长模式中，自身的综合素质得到全面提升，为学生的终身发展奠定良好的基础。

二、深化课程改革，构建学生科学素养

在"通文广艺，七彩人生"的文化架构下，学校构建了"1+6"模式的七彩课程体系。

"1"，即国家课程整合类，将现有国家课程整合为四个大类：A类：品德与健康，将品德与生活、品德与社会、体育、健康教育合并；B类：语言与阅读，将语文与英语合并，实行双语教学；C类：科学与技术，将数学、科学、信息技术、综合实践合并；D类：艺术与审美，将音乐、美术、书法合并。

"6"，即校本课程拓展类，以"七彩人生"为核心，设置六大课程群部落：A."七心"培育类课程；B."七型"运动类课程；C."七艺"培训类课程；D."七能"开发类课程；E."七习"养成类课程；F."七思"科创类课程。

近年来，学校通过在一、二年级开展"自主识字"活动，让孩子多认字，早阅读，开发孩子言语能力；在三至五年级开展"群文阅读"，让孩子博览群书，积淀人文底蕴，开发理解能力；在六年级借助"导学案""微课"实现课堂翻转，开发孩子自主学习能力，有效实施"七能"开发类课程。在充分调研的基础上，学校还通过组建民乐、校园足球、书法、跆拳道、篮球、田径、播音与主持等30多个类别的社团实施"七型"运动类课程、"七艺"培训类课程、"七思"科创类课程；通过开展户外实践活动、社会调查活动等实施"七心"培育类课程、"七习"养成类课程。

三、升华课堂艺术，培养学生学习素养

课堂是课程实施的主要阵地。学校从课堂改革入手，积极打造"七彩课堂"，通过课堂的开放、翻转和延伸，让每个师生尽情绽放，切实培养学生核心素养。

（一）课堂开放——从"关门上课"走向"开门请课"

为了丰富和优化学校教育资源，促进学校课堂教学的提质增效，也为了增强家校教育的合力，增进家长和孩子之间的全面了解，学校每学期都会开展"家长

开放日"活动，邀请家长走进课堂看孩子上课；也会开展"家长进课堂"活动，请不同行业的家长走上讲台给孩子讲课，实现了课堂的开放，由传统的只由本校教师"关门上课"走向了有家长、社会人士参与的多元化的"开门请课"。

（二）课堂翻转——从"教师主导"走向"学生自主"

"让孩子站在课堂的正中央"一直是学校的教学追求。为此，学校努力培养学生的自主学习能力。今年，学校组织精干教学力量编写了六年级语文、数学《导学案》投入使用，让孩子借助《导学案》有效自学。课堂上，教师通过多种形式的小组合作学习、汇报，培养学生的阅读自信、表达自信，有效提高了学生的自主学习能力和团队合作能力。同时，学校组织一些教师录制了各学科微课视频供教师推荐给学生使用，初步实现了课堂的翻转，学校的课堂正逐渐由"教师主导"走向"学生自主"。

（三）课堂延展——从"灯光课堂"走向"日光课堂"

坐在教室上课是课堂教学的常态，但这不应是课堂教学的固态。要培养符合《中国学生发展核心素养》的适应未来发展的学生，学校必须延展学校的课堂。因此，学校努力通过各种社团活动、各种户外实践活动的开展，引导师生由"灯光课堂"走向"日光课堂"，让学生接受丰富多彩的教育，体验五彩斑斓的人生。学校设计开展的读书节活动就是最后的展现。他们每年都开展主题读书节活动，以"晨间国学诵读""午间海量悦读""晚间亲子共读""'聚焦经典，享受阅读'——师生共读""'智慧碰撞，见证成长'——亲子共读""'畅游书海，他读他爱'——自主阅读""'同诵经典，诗话人生'——美文诵读""每周评选读书之星"等系列活动，营造良好阅读氛围，引领师生深度阅读，展示固化阅读成果，积极为学生营造浓浓的书香味，着力打造出了温馨的书香校园，丰富了学生的课堂。

四、高扬艺术教育，彰显学校办学特色

学校以艺术社团建设为平台，充分挖掘艺术教育的潜力，拓展艺术教育的空间，大力开展丰富多彩的艺术活动，激发了学生对艺术的兴趣和爱好，培养了学生感受美、表现美、鉴赏美、创造美的能力，促进了学生整体素质的全面和谐发展。社团以"艺术培育人文精神，艺术奠基幸福人生"为活动宗旨；以"让每一个学生得到全面发展，让每一个学生找到自信的支点，让每一个学生拥有成功的希望，让每一个学生的个性都得到张扬"为育人理念；以"以艺立德，以艺砺志"为培养目标，最大限度地给学生提供一个健康、全面、和谐、快乐、发展的空间。

通川区七小艺术教育逐步形成了独特的校园文化特色。学校现有中国舞、拉

丁舞、街舞、合唱、民乐、播音主持、绘画、手工、书法、科幻画等20多个类别的艺术社团。社团活动时间为每周一、周二、周三、周五的下午活动课时间段。每年5月校园艺术节期间，学校利用一周时间，分多场次展示学生们的艺术风采，各班级也分别开展了班级艺术活动，活动中家长与学生共同沐浴在艺术的海洋中。整个艺术周活动全方位对本校的艺术社团教育成果进行了立体化展现。

学校"蓓蕾民乐团"历经20多年风风雨雨，每年稳定在400余学生的团员。学生们冬练三九、夏练三伏，先后参加了达州市艺术教育推进会演出、新年音乐会、学校新锦校区落成暨开学典礼演出、庆"六一"艺术活动演出等活动，获得了领导、家长、师生的赞扬。

五、"三位一体"，建构发展共同体

通川区七小集团是通川区第三教育集团。学校牵头引领着通川区七小牌楼分校、通川区三小、通川区北外镇中心校、通川区金石镇中心校、通川区新村乡中心校、通川区梓桐乡中心校六所学校。学校坚持"一校一品、多元发展、自主发展"的理念，打造"学校管理联盟、教师队伍发展联盟、教育资源共享联盟"的三位一体模式，以"专题培训、活化思想，名师引领、专家陪课，跟岗研训、影子伴学，着眼课堂、观课议课，师生联谊、对话创新"等活动为载体，促进各学校创新发展、多元发展、自主发展、特色发展。

六、"打点示范，创一流示范小学"，通川区七小的新愿景

在"以此长推动彼长、以创新激励创新"为潮流的教育改革发展形势下，以培养学生核心素养为根本的教育新思潮，面对刚刚投入使用的七校新锦校区，市、区党委、政府给学校提出的"打点示范，创四川省一流示范小学"的殷切希望已经成为七小的新的办学愿景。新的起点，孕育新的契机。七小人已整装待发，坚守"立德树人"的教育方针、提升和发展"通文广艺，七彩人生"的学校文化，坚持以培养学生核心素养为根本，深化发展"七彩课程"，提升艺术教育和青少年科技教育特色，建构"大艺术"教育观，用3—5年时间把学校建设成为"校园式公园、公园式校园""校园式艺术博物馆、艺术博物馆式校园""校园式图书馆、图书馆式校园""校园式科技馆、科技馆式校园"，实现课程的本土化、校园化，为学生德智体美全面发展打造多点多极的舞台。

50多年勇立潮头的通川区七小，几代七小人的呕心沥血，学校缔造了辉煌，书写了传奇。猎猎劲风中，学校继续高擎七彩教育大旗昂首阔步。今天，学校为四川一流示范小学的精彩"打点"，明天，学校的孩子就能通文广艺，拥有七彩人生！

传统文化润校园　科技兴校促发展
法治建设作保障

——通川区七小新锦学校"三进"校园汇报材料

尊敬的各位领导、来宾：

大家好！

凤凰山麓，西城繁盛处，坐落着一所崭新而又生机盎然的学校——通川区七小，学校辖三个校区、一个分校。近年来，我校以"通文广艺、七彩人生"为办学遵循，以传统文化浸润为主线，以科技兴校为依托，以法治建设为保障，努力塑造心态阳光、气质和雅、各有所长，各美其美的魅力七小娃。

在弘扬传统文化、科技兴校、法治建设的大道上，我校以立德树人为根本，以物化环境为载体，以诵读经典为抓手，以社团课程为依托，尤其以民族器乐特色教育为突破口，大胆尝试和探索，真正让"传统文化、科技、法治走进了校园"。

几载砥砺奋进，学校先后荣获"全国艺术教育工作先进单位""全国科技教育创新优秀学校""四川省最具影响力学校""四川省机器人示范学校""全国国民语文应用能力实验校""全国阅读教育先进集体""中国名校、全国少先队红旗大队""四川省文明单位""省校风示范学校""省百所艺术教育特色学校""省棋类教学先进单位"等50余项国家、省、市殊荣。一路走来，有汗水更有收获，现向各位做一简要汇报。

一、传统文化浸润篇

（一）以民族器乐为切入点，丰富办学内涵，提升文化素养

"谁家玉笛暗飞声，散入春风满洛城。"早在1985年，我校就从发展儿童兴趣，培养特长，丰富儿童课余生活，继承和发扬民族传统音乐文化出发，在全

市学校中率先办起笛子、二胡、琵琶、扬琴、古筝、大提琴、打击乐共7个兴趣班，坚持每周一、周三、周五下午放学后开展训练。后又精挑各班乐尖子，成立"蓓蕾民乐团"，由分管领导主抓，音乐教师具体负责管理教学活动。学校千方百计节省出专项经费，来配齐乐团的乐器品种，如排鼓、倍大提琴、柳琴等中高档乐器的购置，还派人专门设计和制作演出服装，以保障训练的顺利进行和演出的圆满成功。

2016年，我校在原有兴趣班的基础上，又专门成立了学校民乐班，即在每年招收的一年级新生中，依据新生的兴趣和特长，组建两个民乐班，并引导家长积极参与支持，这样既保证了学习民乐的人数，又解决了民乐团成员年龄断层的问题，使传统民族器乐文化得以延续传承。

20多年来，"蓓蕾民乐团"的各届学员们经过刻苦学习，精心排练，拿出了一台台高水平的节目，参加省、市、区组织的各项会演和比赛，均获得了优异成绩：1997年参加四川省第二届中小学艺术节，二胡独奏《赛马》荣获器乐组一等奖；2000年参加四川省第三届中小学艺术节，民乐合奏《北京喜讯传边寨》荣获器乐组一等奖；2006年参加四川省第五届中小学艺术节，大笛和古筝二重奏《秋思》荣获器乐组一等奖；2009年参加四川省第六届中小学艺术节民，乐合奏《阿美族舞曲》荣获器乐组一等奖；2012年参加四川省第七届中小学艺术节，民乐合奏《采茶灯》荣获器乐组一等奖。2015年参加通川区、达州市、四川省"第八届艺术节比赛"，民乐合奏《杨柳青青》均获器乐类一等奖；2016年6月，民乐合奏《杨柳青青》还作为通川区学校艺术教育区域整体推进改革成果展指定节目演出，受到了领导和来宾的高度赞誉。

（二）以诵读经典为抓手，品悟中华文化，传承民族精神

"人之初，性本善……"琅琅书声，最是益人。诵读经典已成为我校一道亮丽的风景线。低年段以唐诗、古歌谣为主题，中年段诵读宋词、《楚辞》，高年段诵读元曲、《诗经》。此外，我们专门编排了1—6年级的"国学"校本教材，还从《传统文化导读》中选取经典篇章供孩子们诵读。

在每周五下午第一节课的经典诵读课上，语文教师专门讲解指导学生进行诵读。此外，学校还开展建设书香班级图书角、好书推荐、师生共读、亲子共读、经典诵读、自主阅读等多种丰富多彩的活动，品悟中华文化，传承民族精神。

学校在醒目的位置悬挂经典诵读的标语、红领巾广播站播放传统国学经典；班主任充分利用班级图书角、教室墙壁，设计班级读书标语，营造书香氛围；各班还自主创新制定读书评价细则，评出班级"读书标兵""读书小明星"，由学校统一制作展板进行宣传，激励学生主动参与阅读。

学校还根据各班级读书活动开展及展示汇报情况，分别按20%、30%、50%的比例评选出五星级、四星级和三星级"书香班级"予以表彰，让经典诵读落到实处，让诵读经典融入七小人的基因、血脉中。

（三）以立德树人为根本，创新德育活动，培育时代新人

"树人先立德"。我校立足中华优秀传统文化，深入挖掘中华文化的精神和价值，与时俱进，进行创造性的转化和发展，深耕厚植社会主义核心价值观，培育一代新人。坚持把传统文化教育融入学生的思想道德教育、文化知识教育、社会实践教育各环节，让学生从小学会文明处世，礼貌待人，诚实守信，遵规守纪。

"做人需学礼"。学生既是中华传统礼仪文化的传承者，又是体现时代进步要求的新道德规范的实践者。因此，加强小学生礼仪修养，就是继承我国优秀的礼仪文明。通过国旗下表演、班队课、校园之声广播等渠道开展形式多样、内容丰富的礼仪教育活动，使学生成长为举止优雅、仪容整洁、着装得体、谈吐礼貌的新时代少年。

我们还深入挖掘中国传统文化中的革命故事和英雄精神，开展一系列传承红色基因主题活动，如带领学生参观爱国主义教育基地、讲述经典故事、评选文明小标兵等活动，引导学生以英雄为榜样，学习英雄精神，传承传统文化，长大后做一个对社会有用的人。

此外，我们让学生"寻找一个位置，扮演一种角色，体验一种情景"，扎实开展丰富多彩的教育活动，形成德育培养体系。学生在实践体验中获得传统文化知识，感受传统文化魅力，提高学生对传统文化的认知，从而培育学生做传统文化的实践者和传承者，成就时代新人。

（四）以社团课程为依托，增强学生才能，推动传承创新

种豆得豆，种瓜得瓜。近年来，我校陆续开发了书法、民族乐器、古乐欣赏、国画欣赏等校本课程，并以这些课程为依托，组建了围棋、剪纸、武术、绘画（国画、青花瓷）、书法、围棋等社团，极大地推动了传统文化的传承和创新。

各社团依托社团领导小组开展活动，聘有专门的指导教师，按计划开展社团活动。每次活动必须并做好相关记录，领导小组成员不定期进行跟踪检查指导，不断总结好的活动经验，相互学习，相互推广。同时学校对各指导教师进行科学合理的评价，融入安全、卫生指标，注重过程性评估和活动成果展示的考核。

台上一分钟，台下十年功。在每学期的期末，学校都要举行社团的专题展示活动，还邀请学生家长、社会人士到校观摩、参评，每期都要评选出优秀社团和优秀社团教师予以表彰奖励。

学生社团活动的开展，为学生的素质发展开辟了一片新的天地，不仅培养了学生的多种技能，还在活动的组织、管理、学生参与过程中，促使他们学会了欣赏、合作和尊重。同时，各种社团的建立，也为教师们提供了更为广阔的展示自己才能的舞台，他们在社团活动中放飞自己的艺术梦想，激发自己的潜能，也为中国传统文化的传承发挥了重要作用。

（五）以物化环境为载体，加强文化建设，营造优雅校园

"盘圆则水圆，盂方则水方。"这句话深刻道出了环境对人的巨大影响。我校充分利用橱窗、走廊、墙壁等空间，用印制的精美诗文图画，或用孩子们充满灵性的"诗配画"加以装饰。校园黑板报上，每期均刊出一些经典诗文，并提供历史背景材料和诗词析义，供学生阅读、赏析、评比、积累。各教室环境布置也要求体现班级特色，除了绘画、诗文，每个班级都开辟诗园，内容或是学生阅读古诗文的活动成果，或是古诗书法展、读后感，或是手抄报等。

我们深知，环境建设是学校文化建设的重要内容，也是实施艺术教育、传统文化教育的重要载体。我校力求让校园保持常新、常绿，营造具有教育价值和美的意蕴的物质环境，让师生在物化环境中有稳定、安全、温暖、自尊的积极感受，凸显人与物的和谐，使物化环境彰显深厚的学校文化内涵，营造优雅校园。

走进学校，以楼层功能室为特点的主题文化氛围，特色雅致的功能室，楼梯间别具匠心的窗花，艺术墙上设计精巧的名人书画、知识博览，校园里富有童趣的提示语，都让人感受到的是浓厚的教育气息和浓郁的艺术氛围。为了使学生在耳濡目染中感受美、体验美，红领巾广播站利用课间根据不同主题向学生播放精品音乐、民间艺术、名人故事等，深受学生喜爱。

二、科技兴校发展篇

（一）转变观念，健全组织，落实科技创新工作

科技创新，不是高校、科研院所和企业研发的专属，科技教育也不是口号，对于定位是打基础的小学教育来说，必须贯穿和渗透在教育教学中，落实小学生科技创新精神和实践动手能力的培养工作。

为了确保学校科技创新教育的长效性，我校制订了《四川省达州市通川区第七小学科技教育工作三年发展规划》，形成了科技创新教育的评价和保障制度，并健全了组织，明确了责任分工。学校成立了科技创新工作领导小组，由校长亲任组长，副校长、副书记任副组长，各处室主要负责人及科技辅导员和特色项目主管教师为成员；另设立科技创新办公室，由学校中层干部专职负责相关日常事务；形成定期内部交流制度。科技创新教育规划从制度和组织建设上，保障科技创新教育在学校教育教学工作中的常态化和规范化。

（二）丰富资源，打造团队，夯实科技创新力量

在国家、省和市有关科技教育的政策和规划指引下，根据学校科技创新教育的实施办法，在校科创办的细致工作中，我校丰富了科技教育的资源库，通过评价和奖励制度，通过提高思想认识、技术培训、学习研讨、专家指导和学术交流，打造了技术过硬、富有创新精神与能力、经验丰富的校内指导教师团队，充实了科技创新教育的师资力量。

1. 丰富资源，营造氛围

学校订购了《航空模型》《飞碟探索》《青少年科技报》《少年科学画报》《知识就是力量》等科普杂志，收集并整理了科普中国、中国科普网、中国学生科技网等国内优秀的在线科普资源，以及依托中国知网、万方等科技论文数据库，搭建了相对比较丰富的科技创新教育资源库，为学校科技辅导员、教师和学生进行科技教育和科技创新活动提供资源保障。由科技创新办公室负责，定期在校内宣传橱窗、班级黑板报张贴普及科学知识，在校园广播中宣传科技知识，营造学校科技教育和科技创新的氛围。

2. 打造团队，夯实科技创新力量

经自愿报名和学校组织考核，学校选拔和聘任了一批兴趣足、基础好、肯实干的校内科技辅导员，并实行动态调整管理。学校精心组织了对科技辅导员队伍的思想认识和业务技术培训，培训内容涉及青少年科技创新的意义、科技创新活动的特点、原则、工作方法等主题内容；除组织定期内部学习研讨和交流之外，根据项目申报和实施过程中遇到的问题，由学校外聘指导专家进行过程性指导，或组织相关师生外出参观学习、进修和培训，参加相关学术会议或论坛进行业务交流和宣传。通过上述多种举措，校内科技辅导员的理论视野和业务技能得到了全方位和大幅度的提升，成为校内科技教育的骨干力量。全校现有机器人创新实践活动"金牌教练"5名，全国国际数棋"金牌教练"7名，有力地推动了学校科技工作。此外，学校还倡导以研兴校、以研促教。针对学校科技创新教育无教材、缺乏依托的现状，学校积极主动并成功申报了《小学科技创新教育校本课程的开发》课题研究，被立项为省级普教科研项目，经过团队成员的协同努力，目前已完成并通过了项目验收工作，开发了《智能（积木）机器人教材》（2册）《虚拟机器人校本教材》和《科幻画校本教材》等教材，正在陆续出版中，不但解决了校科技教育的现实问题，也为国内此类课程的开设提供了教材资料。更重要的是，一大批教师在此类科技教育的实践中不断成长，学校逐步形成了一支科研创新型的专业化教师团队。

（三）改变教学，活动整合，渗透科技创新教育

"科技教育进课堂"是学校重点项目之一。学校要求各教研组立足课堂教学，逐步改变过去以传授学科知识为本的传统课堂教学模式，探索体现以学生发展为本的研究性学习的新型课堂教学方式。通过"参与、探究、合作、活动"的课堂学习活动，培养学生科学研究的精神和态度，让学生了解和初步掌握科学研究的基本方法，在教师指导下运用到科技创新项目实践中，不断提升学生的科学素养。

1. 活动与教学有效整合

学校积极开展各类科技实践活动，如"小发明、小制作、小论文""科技手抄报""科幻画"等主题活动，每年举办一次科技节作品成果展评活动，鼓励学生人人参与，人人动手，激发学生科学探究意识，培养学生科学探究能力。努力把青少年科技教育活动融入日常教育教学工作之中，结合教材向学生介绍科学家们热爱科学、坚持真理、严谨治学、勇于实践、献身事业的科学精神，对学生进行思想品德教育。将立足点放在科技活动课堂教学，做好科学课教学，初步培养学生的科技创新能力，为学生参加校外、课外科技活动打下良好基础。

2. 活动与展示精彩呈现

学校开展科技活动，做到"四抓四促"：一是抓宣传，促认识。每年科技节前，通过开展科技板报评比、班队会评优、科技知识讲座、科技参观等活动，以板报、广播、标语等形式大力宣传，激发学生兴趣和参与爱科学的热情。二是抓典型，促普及。坚持典型引路，评选典型班级，作为全校的示范，并颁发荣誉奖状，奖励典型个人。召开科技活动总结会，表彰科技活动中表现突出的辅导员和学生，极大地调动了个人参与活动地积极性。三是抓展示，促提高。每年开展一次较大规模的科技教育成果展示活动，要求教师、学生选择特长项目全员参与，并邀请学生家长、专家、上级领导参加展示活动，扩大活动影响力。比如在2016年10月18日，我校举办的"通川区七小第17届科技节"活动中，共开展"金点子"征集、科技知识讲座、小制作小发明、六足机器人搭建演示、数棋对抗演示表演活动等多项内容，充分展示了全校师生的团结协助的精神和科技教学特色。四是抓研讨，促实践。我校先后开展了"我为科技活动献一计""科技活动一例谈""科技论文征集"等研讨活动，取得了较好的效果，如根据部分教师提出的拓展教育环境，积极开展校外科技教育活动。

（四）深耕细作，科技兴校，收获创新教育硕果

学校通过融入科技理念的教育教学活动，拓宽了学生学习渠道，发展了学生的特长，有效地促进了学生多元智能的发展。学生的写作能力、语言表达能力、动手能力、合作学习、社会交往能力、审美鉴赏等能力都得到了全面的发展。信息技术的应用，使教学完全摆脱了从"书本到考卷"的圈子，书本不再是学生获取知识的唯一渠道。学生通过网络、报刊、广播等媒体广泛涉猎，从中吸取了大量知识，这为学科知识的构建创造了条件，从而加深了对知识的理解，提高了学习效率。学生的爱好特长得以充分展现，多次在国家、省、市、区级竞赛中获奖。

近五年，我校参加全国、省、市、区各级科技创新大赛并获奖720多人次，学生受全国省级表彰62人，获市、区级表彰800余人次。

其中科幻画荣获全国一等奖7项，全国二等奖5项，全国三等奖4项，省一等奖29项，省二等奖2项；机器人荣获全国一等奖2项，全国二等奖5项，其中六足机器人获省一等奖76项，省二等奖15项；科学DV荣获全国二等奖3项，全国三等奖1项，省一等奖3项；小制作小发明荣获省一等奖1项，省二等奖2项；科技实践活动及论文荣获省一等奖2项，二等奖1项；国际数棋，2011年参加全国第三届国际数棋总决赛获团体一等奖，获全国一等奖13人次，全国二等奖8人次。2012年参加全国第四届国际数棋总决赛获团体一等奖，1人次获全国金奖，为四川省第一次获该项目金牌，此外8人次获银奖，10人次获铜奖。其中成绩较优异者如下：

（1）2016年吴曲老师指导的科幻画《钢铁消防战士》获全国一等奖。

（2）2015年第十四届四川省青少年机器人创新实践活动（普及组）总决赛获得15个单项一等奖，5个团体一等奖的好成绩。

（3）2016年我校16幅科幻画获市一等奖，其中4幅送省参评，3幅获省一等奖，1幅获省三等奖；2幅送全国参评。

（4）由吴伟、谷兴华指导拍摄的科学DV《篮球落地的秘密》获省二等奖。

三、法治建设保障篇

（一）依法建章立制，完善依法治校体系

学校高度重视依法治校工作，成立依法治校工作领导小组，由王仕斌校长任组长，各副校级干部任副组长，学校中层干部及班主任为成员。领导小组成员明确各自职责，做到各司其职，责任到人。

校长负责依法治校工作方案的制订，教育方针政策的贯彻实施，各项规章制度的修订和完善；教导部门负责法制宣传教育工作和教学计划、课程标准的执行；工会部门主要负责民主管理和校务公开工作；综治、后勤部门主要负责规范收费和治安综合治理工作。依法治校工作领导小组研究制订法治教育计划，协调开展法治宣传工作，及时化解各种矛盾，依法维护学校、教师、学生的合法权益，把依法治校工作摆上重要议事日程，做到依法治校工作与学校各项工作同计

划、同实施，并把目标任务分解到学校各个部门和具体人员，确保依法治校工作有人抓、有人管。学校制定完善了《内部管理奖惩实施方案》《教师职务评聘管理实施意见》《教职工进修规定》《教职工奖惩办法》等，从而保证学校各部门、各岗位工作的有序高效运作，使学校管理走上了规范化、制度化轨道。

（二）加强法治教育，打好依法治校的基础

（1）加强法治宣传教育，不断提高广大师生的法治意识和水平。学校按照普法要求，组织全体教职工认真学习《中华人民共和国宪法》《中华人民共和国义务教育法》《中华人民共和国教师法》《中华人民共和国国防教育法》《中华人民共和国国家安全法》《中华人民共和国未成年人保护法》《中华人民共和国预防未成年人犯罪法》《中华人民共和国教师资格条例》等法律法规。学校把法律知识的学习列入教师师德培训内容，主要采取三种学习方式：一是利用教工例会时间由学校领导作专题辅导；二是以教研组为单位，结合工作实际开展学习讨论；三是利用学校校园网组织师生学习有关教育政策法规；四是充分利用黑板报、橱窗，定期向全体师生宣传法律知识。

（2）加强对学生的法治教育，坚持课堂教学为主，多种形式并举，努力做到"五个结合"：一是法治教育与课堂文化教育相结合。把法律知识教育列入学校教育计划，做到计划、教材、课时、师资"四落实"。二是把法治教育与德育教育相结合。在现有思品课、社会课中，渗透法治教育内容；把法治教育融入学生的日常行为规范教育中，提高学生遵纪守法的自觉性。三是把法治教育与校园文化活动相结合。开展丰富多彩的活动，寓教于乐，提高学生的兴趣和积极性。学校充分运用学校橱窗、板报、红领巾广播台等宣传阵地开展普法教育，开展"红领巾法庭""消防夏令营""法律知识竞赛""参观禁毒展"等多种形式的活动。四是把法治教育和师德师风建设相结合。学校按照《中小学教师师德规范》要求，每一个教师严禁体罚和变相体罚，坚决实施师德一票否决。五是构建学校、家庭、社会联动相结合的教育网络，充分依靠社会力量协助和支持学校的法治教育，定期邀请法律专家来校做法治讲座。

（三）加强民主管理，推进依法治校的进程

学校在民主管理与民主监督方面不断探索，结合学校实际，建立一整套民主管理和民主决策制度。一是建立教代会制度。每学年召开两次教代会，教代会代表依法行使职权，审议和通过学校各种规章制度的制定及修改，对学校发展计划和教学改革提出意见，让教职工参与学校民主管理、民主决策，让教职工享有参政议政和知情权，使教职员工与学校的发展紧密联系在一起。二是倡导学校领导和教职工的平等对话制度。通过对话，学校能够直接听取教职员工对学校的重大决策、廉政建设、教学改革和行政管理等方面的意见和要求。三是推行校务公开制度。成立校务公开领导小组，设立固定校务公开栏，公布学校财务收支情况、学校重大事务、工程项目、教职员工关心的"热点"问题，自觉接受教职员工的监督。民主管理、民主决策制度的建立，有效体现了教职员工的主人翁地位，充分调动了教职员工的积极性、主动性和创造性，为推进教学改革，提高教学质量，促进依法治校，发挥了重要作用。

各位领导、来宾，雄关漫道真如铁，而今迈步从头越，被誉为"大巴山艺术教育摇篮"的通川区七小，正冲刺在文化育人、科技创新、法治建设的新航道上，我们谨记初心，将创新的力量融入传统文化、科技、法治教育之中，立身前沿，达观稳步，昂首迈进，用执着和睿智彰显通川教育的新品位！

谢谢大家！

民主决策、民主管理、民主监督

　　达州市通川区第一小学创建于1907年，是一所具有百年历史的省首批重点小学和全国文明单位，现有本部及江湾城、莲花湖三个校区。本部现有教学班60个，教职工145人，其中有享受国务院特殊津贴专家1人，全国英语名师1人，省学术和技术带头人1人，省中小学教育专家1人，省特级教师3人，省优秀教师2人，正高级教师1人，省市学科带头人15人。

　　近年来，我校工会在市、区总工会和区教育工会的领导下，在学校党政领导的关心和支持下，遵照《中华人民共和国工会法》《中国工会章程》的规定，积极组织教职工参与学校的民主决策、民主管理、民主监督，充分发挥广大教职工的主人翁作用，扎实开展丰富多彩的特色活动，在学校教师队伍建设和教育教学工作中发挥了应有的作用。现根据创建考核标准，汇报如下。

一、加强自身建设，切实发挥工会在学校建设中的作用

　　我校工会现有会员145人，其中女会员104人，占总会员人数的71.7%。工会机构健全，有完善的工会委员会。每届工会委员会由7人组成，设正副主席各1人，女工委主任1人，组织宣传委员1人，财经委员1人，文体委员1人，老龄委员1人。有专用工会活动室（职工之家），配有办公设备、休闲桌椅和各类书籍等。学校成立了离退休教师协会（成都和本地两个小组），在文华小学还为本地退休教师设立了一间活动室。工会每年都给退休教师拨付一定活动经费。同时，工会加强工会会员管理，建立健全工会会员档案。

　　根据工会相关法律法规的规定，结合学校实际，我校先后制定了工会委员会成员职责及《教职工代表大会制度》《会员评价办法》《经费审查制度》《校务民主管理制度》《校务公开实施办法》《校务民主管理年级组职责》等规章制度，使工会各项工作目标明确，有章可循，程序规范，有法可依。

　　我校工会自觉加强干部队伍建设。校工会每学期都认真制订工作计划，及时总结，定期召开例会（每月一次），每学期都向校党组织汇报工会工作。组织工

会干部定期学习和参加各级培训，提高了工会干部的理论水平和业务能力。学校党政重视和支持工会工作，每学期定期研究工会工作，系统规划工作。

工会财务管理规范，做到钱账分开。学校按时足额划拨工会经费，全部用于服务职工和工会活动，并及时上交工会会费。

工会自身建设得到加强，工会工作走向规范化、经常化，不仅增强了教职工的民主意识和主人翁意识，还调动了广大教职工爱岗敬业的积极性，全体会员心系教育，爱校如家，与一小共荣辱，同发展。

二、坚持民主办学，切实行使教职工民主权利

我校充分发挥好教职工的民主管理和民主监督作用，实行民主化管理。一是重视发挥好教职工参与学校教育教学工作决策的职能，凡学校学期工作计划、发展规划、改革方案、教职工队伍建设、年度考核办法、教职工职称评定办法、评优选先等重大问题，都通过教师大会、教职工代表大会进行讨论；凡学校制订的人事制度改革方案、教职工奖惩办法以及与教职工有关的规章制度，都交由教职工代表大会进行审查讨论、修改完善，最后讨论通过。二是重视发挥好教职工全程参与学校工作的监督检查职能，凡学校管理重大问题的决策执行情况和效果，都由教职工代表大会进行定期检查；凡涉及学校班子成员的政策执行情况和思想作风等方面的情况，都通过领导年终述职等形式由教职工进行评议和监督。三是重视发挥好工会在学校民主化管理中的协调职能。通过组织开展民主评议领导班子成员的活动，密切干群关系。四是坚持推行校务公开制度，通过建立规范的校务公开栏，对教职工的评优选先、职称评聘以及教育经费的使用和管理等重大事项定期予以公布，自觉接受师生的监督。

我校开足开好每年一次的教职工代表大会。近年来，学校工会坚持把教职工代表大会制度作为落实教职工主人翁地位和维护教职工权益、依靠教职工办好学校的重要形式来抓，切实保障了广大教职工的权利，允分调动了教职工的参政议政意识和能力。

三、坚持以人为本，切实保障教职工合法权益

近年来，学校工会高度重视教职工的思想、工作、生活及身心健康。

教师是学校发展的第一财富。关心教职工，生活是基础，是最基本的切入点。我校工会始终树立"民生为本"的关怀意识，把送温暖体现在教职工的生活细节上。

第一，坚持"三必到三必问"制度，即教职工婚育丧大事必到必慰问，教职

工生病住院必到必慰问，教职工难事麻烦事必到必慰问。"三必到三必问"活动把温暖送到教职工心坎上。

第二，组织实施"节假日文体"活动。这既是关心教职工健康的需要，也是爱护学校"第一资源"，促进学校持续发展的需要，为大家减轻疲劳，放松身心，发挥了加油鼓劲的良好作用，成为教职工最受欢迎、最为满意、最感幸福的工会活动。节假日文体活动主要有演讲赛、朗诵赛、学科赛、文体赛、趣味运动会、团队拓展活动等。

第三，节日慰问制度化。节日是最能体现人情素养、人本关怀的重要时间。我校工会在学校党政领导的大力支持下，形成了长效制度化的节日慰问机制。这些节日主要有"三八"妇女节、"五四"青年节、教师节、中秋节、重阳节、春节。资金有保障、对象全员化、注重精神塑造、体现人文情怀，已成为我校节日慰问的鲜明特色。

第四，坚持一年两次教职工体检。上半年女职工体检、下半年全体教职工（含退休职工）体检。

第五，救助特困职工，切实解决后顾之忧。济困助贫也是我校工会的常规工作之一，并成为一项制度、一种传统。对教职工家庭遭遇不幸，工会都会代表学校表达心意。对生病的教职工，工会会出面帮扶，想办法资助。每逢春节，工会还组织有关人员看望离退休教职工和特困教职工，给他们送去礼品和礼金，表达一小这个大家庭的一份温暖、一片心意。仅今年（2017）上半年，工会就关心慰问了25次，其中探望住院职工6人，看望生育教师9人，慰问职工丧事4次，节日慰问6次。

第六，以教为重，关心教师业务成长。业务成长是广大教师人生幸福的最高指数反映。工会围绕学校《人才机制创新工作实施方案》，积极配合，发挥"贴心人"的纽带作用，扎实细致地做好教师业务成长的参谋人、帮忙人、服务人。

倡导教师加强政策法规学习，提高师德师风素养，做依法从教的明白人。学校工会倡导广大教师开展"四法一纲要两意见"学习活动，"四法"即《中华人民共和国教育法》《中华人民共和国教师法》《中华人民共和国未成年人保护法》《中华人民共和国工会法》；"一《纲要》"是指《国家中长期教育改革和发展规划纲要（2010—2020年）》；"两《意见》"是指《中共中央国务院关于加强和改进未成年人思想道德建设的若干意见》、教育部等七部门印发《关于加强和改进新时代师德师风建设的意见》。通过学习，大家普遍增强了从教的自豪感、主人翁意识，增强了依法从教、厚重师德、端正师风的责任心和使命感。

帮助教师专业成长，争先创优，岗位建功，做教育教学的行家里手。学校工会按照学校人才兴校战略的总体布置，服务于"选苗子—结对子—递梯子—给面子—有位子"的整体思路，全力做好服务。

首先，抓好青年教师思想教育工作。校工会协同教务、科研，以激发青年教师爱岗敬业、上进有为为重点，增强专业成长动力，激发干事爱事成事的热情。

其次，积极参与人才机制创新工作。校工会积极参与人才建设工程的制度拟定，就升职、晋级、奖励、考核、评选等工作参与讨论，建言献策。

最后，倡导参与"教育教学书籍读书"活动。校工会与学校图书室协作，吸纳广大教师积极参与，精心筛选图书，为教育教学提供新鲜的富有时代感的书籍。这些书目主要有北京师范大学教授肖川的《教育的使命与责任》《教育的智慧与真情》《教育的情趣与艺术》，中国青年政治学院教授陆士桢《为青少年搭建精神家园》《真正了解孩子的特征和内心》，罗伯特·M.加涅的《学习的条件》《教学设计的原理》等。

四、开展特色活动，切实提高教职工的教育文化生活

工会积极与学校其他部门联合，开展了会员岗位培训与竞赛、读书交流竞赛、爱心救助、团队建设、帮扶支教、扶贫攻坚和节日庆祝等一系列富有特色和实效的活动，提高了教职工的教育文化生活水平。

活动掠影一：大力开展"建学习型校园，做研究型教师"活动，为教师终身学习创造条件，不断提高教师教书育人的水平。学校鼓励教师进修，提高学历，鼓励教师参加新教材培训、继续教育、普通话培训，鼓励教师参加各级、各类、各种形式的研讨会；创造条件让教师外出听课、参观考察。工会立足教师的岗位培训，提高教职工的素质，协助教务处开展教研活动，在校本教研中做好培训，提高教职工的业务能力；协助政教处开展班主任工作研讨和师德标兵评选，提高教职工育人水平；协助教科室开展骨干教师与青年教师"结对子"，帮扶青年教师成长成才，让他们能"一年站住讲台，三年站稳讲台"，尽快地成长成熟。

活动掠影二：开展形式多样、丰富多彩的文体活动。为丰富教职工的业余文化生活，学校工会利用传统节日，开展各种活动，如元旦扑克比赛，"五一"劳动节的象棋比赛、围棋比赛，国庆节或中秋节的教职工篮球赛、排球赛、足球赛等。我校把学生活动和教师活动结合起来，一年一度的校园歌手大赛、诗歌朗诵比赛、学校田径运动会和元旦迎新文艺晚会，教职工都有精彩表演。学校组织的篮球队，多次在区级比赛中获奖。每年春节还经常性地开展春节团拜会，广大教职工辞旧迎新，共话学校发展。通过丰富多彩的文体活动，教职工筋骨得到舒展，身心得到愉悦，特长得到展示，个性得到发展，从而营造了浓厚的校园文化氛围。

活动掠影三：开展"踏响青春旋律，放飞美丽心情，点燃激情梦想，展现

魅力一小"的教师团队建设大型活动。4月23日，三个校区的老师们齐聚莲湖广场，开展了"踏响青春旋律，放飞美丽心情，点燃激情梦想，展现魅力一小"的教师团队建设大型活动。"破冰游戏""换了毛毛虫""双人跳绳""众人划桨开大船"在艳阳下有序开展。整个活动，充满激情、欢乐和挑战，教师们热情参与，积极配合，不仅锻炼了身体，又发挥了智慧，既熔炼了团队精神，又突破了自我极限，使教职工深刻体会到：工作中，讲团结、懂合作、善分享、能抗挫、勤反思、多总结、勇分担、求创新、拓视野、争一流的重要。

活动掠影四： 召开"高举五四火炬，创造青春辉煌"为主题的青年教师座谈会。5月4日，组织召开了"高举五四火炬，创造青春辉煌"为主题的青年教师座谈会，5位青年教师做了精彩的发言。王仕斌校长用"青春是追梦季，青春是播种机，青春是练习题，青春是考试卷"来热情勉励全体青年教师爱岗敬业，勇于担当，快速成长，并赠送了他的教学漫笔《为生命而歌》。

活动掠影五： 组织退休教师开展踏青联欢活动。3月25日、29日分别组织退休教职工在成都和达州，开展了踏青联欢活动。阳春三月，春暖花开，退休的老师们欢聚在一起，共叙分别之情，畅谈生活的点点滴滴，其乐融融，让人感动。退休职工们纷纷表示，感谢学校的关心，他们时时都牵挂着学校的发展，对学校的发展壮大由衷地感到高兴。

活动掠影六： 开展教师结对帮扶残疾儿童活动。我校共有在读残疾学生5人，他们在来到这个世界的时候比普通孩子多了一点缺陷，因此更需要关爱。根据区教育工会关爱残疾儿童的要求，结合学校实际，每个残疾学生由两名教师结对帮扶，送教上门。

活动掠影七： 扎实开展"岗位练兵"活动。坚持一年一度的新入职教师和一年级教师岗前培训，提高教师业务水平。例如，今年就有32名教师又将在新的教育岗位上，迎接新入学的一小娃。8月29日下午，一场别开生面的教师经验分享、培训会，在一小三楼会议室举行。6位"老教师"从立规矩、谈合作、强自身、爱学生四个方面分享了她们在班级管理和教学上的经验。做到内外兼修是每位教师的追求，无论是有着丰富教学经验的"老前辈"，还是热情似火勇于创新的"小清新"，面对新一届学生，面对新的挑战，他们都是铆足了劲，加足了油，利用假期阅读各种教学理论书籍。提前做好自己的教学计划，在教学工作中以不变应万变。内外兼修，授业解惑。

通过这样的培训，相信每个怀揣教育理想的一小教师都能尽快进入新的角色，迈出坚实的步子，在自己教学生涯的画卷上留下不悔的印记，演绎出属于自己的精彩，共同谱写通川区一小教育事业新的篇章！

活动掠影八："营造读书氛围，打造书香校园"。学校一直致力师生读书活动，打造书香校园。除组织教师开展"四个一"读书活动（读一本文学经典名著、读一本实用教学报刊、读一批名优教师教案、读一本教学理论著作）、每周上好一节读书课、师生共同探讨读书过程中的趣事（我的读书故事、读书笔记、绘本制作展）外，还组织开展了原创美文朗诵、年级美文朗诵、读书交流等读书活动。浓浓书香溢满校园，师生共同行进在快乐的"悦"读之路上，别有一番美丽的风景。3月28日下午，开展了主题为"阅读，让生活更精彩"读书交流活动。本次活动以年级和学科为单位，1—6年级和音、体、美、英语组各选派出一名教师参加活动。交流中，教师们敞开心扉，结合自己的教育教学实践和阅读历程，畅谈读书感言、读书乐趣，在抑扬顿挫、声情并茂中，娓娓道来，和大家共同分享了他们在读书中的收获与心声，字字珠玑，牵动着听众的心弦，为整个会场营造了宽松、愉悦的书香氛围。6月12日，"岁月留痕，朗读留声"教师原创作者朗读赛在演播大厅举行。10位老师精彩的原创美文朗诵使得会场上掌声不断，笑声不断，泪眼婆娑。台下的教师，时而嘴角绽放微笑，时而眼眶丝丝灼热，时而眼睛闪烁光芒，时而眼眶不禁湿润。每位朗读者用最朴实而又动人的声音，赢得了所有教师强烈的共鸣。

活动掠影九：坚决打赢"扶贫攻坚"战。5月17日、18日，是通川区第三个脱贫攻坚日。为更好地打赢这场攻坚战，工会两次组织教师深入贫困户，开展节前慰问、助农生产活动。教师们挽起裤腿，下到秧田，插秧苗。插完秧苗，顾不上休息，教师们又挽起袖子，挥汗舞镰，收割油菜。还把赶场日设在扶贫点，收购农夫产品。在庆祝建党96周年的特别日子里，学校全体党员教师奔赴青宁和青宁乡岩门社区的村民们，满怀激情，一起放歌抒心声，共舞共乐庆华诞。学校全体会员，从最初的结队帮扶，到逐户调查走访；从最初的认亲戚，到每月的嘘寒问暖；从节假日的关怀，到特殊赶场日的真情帮扶；从"脱贫攻坚帮扶日"到稳定脱贫"三回头""大走访"，青宁乡的土地上倾洒了学校老师太多的心血，蕴含着会员们和青宁乡亲浓浓的情谊。

我校工会在上级工会的领导和学校党政的大力支持下，紧紧围绕民主参与、民主监督，维护职工合法权益，关心职工生活和身心健康，帮助职工解决困难等方面做了一些力所能及的工作，得到了全校教职工的信任和赞誉。我们将一如既往地按照《中华人民共和国工会法》所赋予的权利和义务积极开展工作，依法维护教职工的合法权益，关心教职工的工作和生活，为促进学校快速健康发展发挥更大的作用。

（通川区第一小学创建星级工会汇报材料）

在通川区师德师风建设大会上的发言

尊敬的各位领导、同人：

大家好！

今天，区委、区政府在这里隆重召开师德师风建设大会，凸显了师德师风之于教师的紧迫性和重要性，也再一次夯实了振兴通川教育这一强区战略根基，更进一步热切响应了习近平总书记关于做"四有教师"的殷殷嘱托。作为全国师德先进个人、全国教书育人模范候选人，有机会在这里发言，我倍感珍惜和荣幸。

回顾我近30年的教学生涯，无论是在偏远艰苦的村小，还是在城区优质示范学校，我始终谨记初心，坚定"学高为师　身正为范"的操守。一路走来，虽艰辛坎坷，然我以师德为要，专业为基，大爱为本，牢牢扎根通川这片沃土，走出了一条清新淡泊、亮丽丰盈的教书育人之路。

习近平总书记指出："教师应该取法乎上、见贤思齐，不断提高道德修养，提升人格品质，并把正确的道德观传授给学生。"作为置身新时代的一名通川教育人，我时刻以总书记的这段话作为自己涵养师德的基本遵循，肩负起时代赋予的新使命，更好地回应人民群众对教育的新期待，努力办好人民满意的教育。今天借此机会，将师德建设中我的所感所悟所行与大家做一汇报。

一、牢记使命坚持做"四有"教师

我们要牢记习近平总书记的殷切嘱托，时刻以"有理想信念、有道德情操、有扎实学识、有仁爱之心"为标准，坚持教书和育人相统一，坚持言传和身教相统一，坚持潜心向学和关注社会相统一，做先进思想文化的传播者，做党执政的坚定支持者，做学生健康成长的指导者。

二、把握立德树人的根本任务

我们要努力成为像黄大年老师一样，符合党和人民要求、受到社会认可尊重、赢得学生喜爱敬佩的好老师，在教学工作中，坚持育人为本，以德立身、以德立学、以德树人，教育引导学生做一个品德高尚的人，帮助学生扣好人生的"第一颗扣子"。加强社会主义核心价值观教育，加强中华优秀传统文化和革命文化、社会主义先进文化教育，引导广大教师热爱祖国、奉献人民。健全师德建设长效机制，开展师德师风建设工程。加强师德教育，强化师德考评，严格师德惩处，对违反师德行为坚持零容忍。

三、铺好为人师表的品行底色

育有德之人，需有德之师。要帮助学生扣好"第一颗扣子"，教师不仅要成为经师、学问之师，更要成为人师、品行之师。作为校长，我要全面加强师德师风建设，突出全员全方位全过程师德养成。加强理想信念教育，深入学习领会习近平新时代中国特色社会主义思想，引导教师树立正确的历史观、民族观、国家观、文化观，坚定"四个自信"。发掘师德典型，讲好师德故事，营造崇德向善、见贤思齐、德行天下的浓厚氛围。

四、涵养敬业奉献的价值追求

我们每位教师要有"春蚕到死丝方尽、蜡炬成灰泪始干"的奉献精神，从新时代的要求出发，走出学校、走进社会，紧密关注各领域的前沿动态，努力在服务社会发展中提升完善自我，为通川决胜全面小康，夺取"率先突破、领跑达州"新胜利提供更有力的人才支撑。

各位同人，优良的师德师风是我们的从教之本、兴教之源。让我们修师德、正师风、铸师魂，以饱满的工作热情积极参与到振兴通川教育的伟大事业中来，为实现"教育强区、打造秦巴教育新高地"的宏伟目标贡献智慧和力量！

谢谢！

第四篇

示范引领

——为新时代教育增添新光华

王仕斌语

　　有光就有希望，就有未来。我们每个人都是温暖的光亮，都在用行动诠释教育人的担当：汇聚更多光亮，相互温暖，携手前行，共同努力为梦想之花注入生机，那么新时代的教育征程定会增添新的光华！

2018年底，在四川省教育厅的层层遴选下，我有幸成为首批名校长工作室领衔人，成为川东北地区唯一的一个名校长工作室。作为领衔人，我主动谋划，将工作室打造成为以"专业引领、同伴互助、交流研讨、共同发展"为宗旨，以促进校长发展为核心，以教育科研为先导，以课堂教学为主阵地，集科学、实践、研究、培训于一体的研修团队，和每一位成员共同成长！

　　一路阳光，一路花开，一路追光，昂然在教育的原野上激情奔跑……

——题记

共研·共行·共成长

——四川省王仕斌名校长鼎兴工作室工作纪实

一、工作室及领衔人简介

领衔人王仕斌：研究生学历，正高级教师，专业技术二级岗位，现任达州市通川区教育局党组成员、达州市通川区第七小学新锦学校党总支书记、校长，享受国务院政府特殊津贴专家，系教育部新时代中小学校长培养对象、全国教书育人楷模四川候选人、全国未成年人思想道德建设先进个人、四川省学术和技术带头人、省政府专家评议（审）委员会成员、省特级教师、省首批名校长鼎兴工作室领衔人、省首批卓越校长工作室领衔人、省首批中小学名校长、省第十次、第十一次党代会代表、达州市首届市长人才奖获得者。主持研究国家"十三五"教育科研规划课题，10余篇论文发表于国家核心期刊，四川省第四届小学语文青年教师赛课一等奖第一名、全国二等奖，并多次受邀到北京、天津、成都等地讲学。《人民日报》、新华社、《光明日报》、人民网、学习强国、《中国教育报》、新浪网、人民教育、四川教育、小学教学、四川电视台等全国各大主流媒体均报道过王仕斌先进事迹。

他坚持把爱作为教育的核心价值，以德立己、以德立人的思想贯穿教育教学工作的始终，用自身言行催发学生道德品质的升华，以启发诱导促进学生知识能力的提高。

工作室现有成员15人、青年成员76人，其中，正高级教师4人、高级教师73人，广泛分布在成都、遂宁、南充、广元、巴中、达州6市州。截至目前，已开展了近130次专题研修活动，邀请了包括四川省教科院党总支书记、院长刘涛、华东师范大学李政涛教授等20余位国内知名专家亲临工作室指导。

二、工作室定位、建设目标及价值追求

工作室以构建"凝练现代教育思想、提升办学品质"为主旨，以校长的办学

思想、特色文化设计、核心课程体系建设为重点，积极探索校长成长及学校发展的途径与方法，开展教育办学研究、培养中青年校长，发挥示范辐射作用，为教育发展建言献策。

（一）工作室定位

本工作室以集培养培训、理论研究、实践探索和成果推广等功能于一体的校长发展共同体为总目标，充分发挥名校长的示范、引领和辐射作用。

（二）建设目标

工作室通过深入成员校专题调研、实地考察、交流研讨、综合分析的工作方式，全方位了解各校办学理念、发展方向、基本校情、强校手段、管理模式、发展瓶颈，对工作室成员所在校进行个案诊断、分析、评估和交流，总结提炼包括各成员校在内的特色办学经验、形成理论，并在一定区域示范推广，有力助推成员校的品质发展。

（三）价值追求

工作室以互相学习、资源共享、取长补短、共同发展为共同价值追求。

（四）核心主张

工作室的核心主张是提升校长领导力，科学引领学校发展。

（五）研修模式

本工作室的研究模式有集体研讨、考察培训、观摩交流、自主研修、示范指导等。

三、工作室建设规划及运作机制

为切实发挥工作室的示范、引领和辐射作用，根据本工作室研修校长的特长和所在校的特点，工作室制定了发展建设规划和运行机制，以实现提升校长领导力、科学引领学校发展目标。

（一）主要工作举措

1. 确定工作计划

工作室组织成员讨论确定本工作室总体工作规划、目标及年度工作计划，做好工作室成员的任务分工安排，对工作室主要任务、重点项目、具体工作进行初步安排。

2. 确定主研课题

工作室以《新时代中小学校长领导力提升实践研究》为主课题，以集体理论学习研讨，边实践、边研究、边提高的方式，进行课题研究，定期发布收集研究资料，每学期组织一次专题研讨会，各成员形成读书笔记、研究心得，以撰写论文的形式呈现研究成果。

3. 校际交流研讨

工作室广泛开展成员校之间的互动交流，校长围绕特色办学、学校文化、学校管理理论与实践等方面进行研讨；教师围绕校际听课、评课活动、提升教育质量等方面进行研讨。

4. 开展巡校诊查

工作室以"提升文化品位，促进特色发展"为主题，组织成员深入成员校，通过专题调研、实地考察、交流研讨、综合分析的方式，全方位了解各校办学理念、发展方向、基本校情、强校手段、管理模式、发展瓶颈，对工作室成员所在校进行个案诊断、分析、评估和交流，成员校根据诊断分析和评估意见，对各自学校的实践研究方案进行修正和完善。

5. 搭建合作联动平台

工作室强化各学校之间的交流与合作，创建工作室网站，建立工作室成员微信群、信息库，特别是类型相似、条件相近的学校相互结成友好学校，在办学经验、教学教研、特色办学、课题研究等方面进行深度合作、借鉴交流、互动共享。

6. 举办高峰论坛

工作室举办高峰论坛，邀请国内知名专家、省市区领导、市属及区属小学校长参加，各成员就工作室研究课题、特色办学与学校发展、学校文化建设、校本课程及提升学生核心素养向大会提交论文或报告。

7. 邀请专家指导

工作室邀请省内或国内知名教育专家做讲座、指导工作室工作开展研修活动。

8. 外出学习考察

工作室充分利用成员的资源优势，组织成员外出培训、学习观摩、考察名校，学习先进学校在特色办学、课程管理、核心素养提升等方面的成功经验。

9. 积极推广示范

工作室借助四川文理学院、达州市教科所、通川区教师进修学校的校长培训班平台，组织工作室成员开展专题讲座，发挥工作室成员理论与办学实践成功经验优势，向区域内学校推广示范办学成效和经验。

（二）实施路径及阶段安排

第一阶段：学习研讨，制订计划（2018年10月—2019年3月）

（1）讨论制定工作室具体工作安排，确定校长提高方向、研究课题和活动内容，搭建各种联动平台，成立工作室办公室。

（2）制订工作室成员个人学习提高计划。

（3）学习相关理论，收集课题实践资料。

第二阶段：专题研讨、实践探索、行动研究（2019年3月—2020年10月）

（1）根据工作室确定的特色办学课题研究方向，工作室成员结合各自学校现状，确立实践研究方案并组织实施。

（2）开展巡校诊查活动，对工作室成员所在校进行个案诊断、分析、评估和交流。

（3）开展校际交流活动，主要内容为特色办学观摩、学校文化建设、校本课程研发、与核心素养提升相适应的课堂教学改革研究等。

第三阶段：总结经验，反思评价（2020年10月—2020年12月）

（1）采用经验总结法、案例分析法、数据统计法等进行项目实验的总结与反思。

（2）举办高峰论坛，工作室各成员就课题研究及各计划项目实施完成情况做总结报告。论坛邀请市属及区属小学校长参加。

（三）运作机制

（1）通过工作室集体会诊、交流和帮助提炼，各研修校长所在校制定具体思路和规划，基本形成各自办学特色，成就一批省市知名品牌学校。

（2）通过学习、考察、培训和取长补短，各校以边学习、边思考、边改进的方式，在学校的管理方法、课程方案设置、课堂教学模式等方面有新认识、新改革。

（3）针对小学生核心素养提升现状，经工作室集体研讨后，各校根据本校实际向所在市区教育部门提出切实可行的建议和改革策略。

（4）在研修期内，有1—3位研修校长成为省级或市级名校长。

（5）汇编1—2期工作室研修校长在学校管理、教育教学科研论文或课题报告。

四、研修模式及成效

2018年以来，工作室采取集中研修与研修组自主研修的模式，通过"专家引领、培养对象研修、课题研究、实践考察、学术交流、总结提炼"的方式，提升校长的领导力，促进中青年校长形成自身独特先进的办学思想，学校办学水平和特色建设得到进一步提升并呈现良好的发展势头，在全省范围内产生较好的引领示范作用，彰显了高品质学校的办学特色。

（一）锤炼党性，重拾初心，提升校长品格力

工作室通过建临时支部，以党建为载体，提升校长思想道德修养，从"读书学习中提高自己，办学实践中改造自己，党内生活中锻炼自己"三个基本途径和重要环节，在学习—实践—反思的往复循环中不断提升思想道德境界，以此增强校长们的党性修养，提升校长们的品格力。

王仕斌校长率14名成员赴中国教育的圣殿——北师大做了一回幸福的书生，开阔了成员视野，促进了理论内化；统一为大家购买了《中国教育路在何方：顾明远教育漫谈》《走向高品质学校》等专业书籍，大家同读后撰写读书笔记、开展读书沙龙分享活动，畅谈读书心得，用阅读来提升内涵，培育品格，共话高品质学校的建设之路。

工作室开展"缅怀先烈不负韶华逐梦前行"主题党日活动，全体成员先后前往朱德故居、万源保卫战战史陈列馆等红色文化基地参观，重温革命历程，追忆峥嵘岁月，聆听革命先烈的英雄事迹，重拾教育初心，激励大家在最美的教育芳草地上奋力奔跑。

（二）文化寻根，凝练"校魂"，提升校长领导力

工作室首要任务之一就是帮助成员校长提升领导力，明晰各自学校的文化核心，了解学校的历史，挖掘学校的优秀文化传统，学习当前的形势和教育理论，认真思考办学思路，策划学校文化建设，提出设想，和全校师生共同讨论，形成学校发展的共同愿景。并据此确立"家国情怀、综合素养、实践能力、创新素质"的细化育人目标，然后精心谋划，共同努力，把理念化为现实，校长们进一步明晰了提升领导力的路径和方法。

校园文化的灵魂就是学校的教育价值观。各研修组积极开展主题为"新时代背景下校长的校园文化领导力探析""提升学校品质发展""转变育人方式，促进学校高品质发展"等研修活动。领衔人王仕斌率研修组深入各成员学校，进行考察调研，参观座谈，诊断把脉，对成员学校的办学理念、办学特色、校园文化、学生纪律管理和学校历史文化等方面问题提出了建设性的意见和建议。通过交流诊断，凝练和梳理出该校的办学魂和发展路，不仅使被诊断学校明确了自身办学的优势与劣势，进一步厘清了学校的办学思路，也启迪了参与诊断的工作室成员对各自办学的思考，积极推进各自学校更快更好发展。

工作室各研修组就校园文化建设定期交流，共谋学校高品质发展大略。仪陇研修组郑权率学校行政及骨干教师30人赴达州考察，分别到通川区七小新锦学校、通川区一小江湾城学校、通川区一小莲湖学校、达川区逸夫小学就校园文化、课堂教学、特色活动等方面进行了参观和深入的交流研讨。

（三）顶层设计，规划"全局"，提升校长思维力

学校高品质发展的顶层设计，必须基于对学校教育真谛的正确理解，对学校发展阶段的精准把握，对内外部优势的清晰了解和有效分析。

省教育科学研究院党总支书记、院长刘涛亲临工作室，带来《高品质学校建设》主题报告。在报告中，刘涛院长首先分析了当前背景下教育的出路到底归向何处以及产生中小学生过重课业负担的原因。接着介绍了如何通过"智慧教育"，利用网络给师生们提供更多的优质资源；利用网络技术和大数据提高学校管理的针对性和有效性；利用信息技术与学科教育融合创新改变教学方式。刘涛院长的分享，重塑了校长们关于高品质学校建设路径和实施策略的传统思维模式。

工作室邀请省《教育科学论坛》主编崔勇、知名校长余强会同工作室成员及南充市仪陇县域内校长一行300余人齐聚南充市仪陇县宏德小学，通过专题讲座、实地考察、交流研讨、综合分析的方式，指导成员学校根据国家或地区教育发展战略计划的要求，结合自身条件，思考学校未来三年至五年内要达到的主要目标和发展途径，如学校办学理念、发展目标、发展规模与速度、组织结构、人力资源、办学条件和实施策略等方面做出科学的发展规划。内容包括确定社区未来三年至五年对学校的需求，寻找学校发展中存在的主要问题，展望学校发展的前景和目标，提出实现这些目标优先需要解决的问题、办法、行动计划和措施。专家们的引领，提升了校长们规划全局、顶层设计的具象思维力。

（四）课程建设，把牢"主脉"，提升校长创造力

工作室从引导学校整体规划课程入手，"从学生的视角，以学生的真实感受为依据看待课程学习；从学校的角度，以课程标准为依据审视课程实施；从育人的高度，以课程实施为依据进行科学架构"，指导成员学校和教师通过选择、改编、整合、补充、拓展等方式，对国家课程和地方课程校本化，使之更符合学生、学校的特点和需要。各成员学校依据学生兴趣、选拔需求及学校教师的课程开发与建设的实践能力，开设课程超市，构建了适合学生个性发展的特色课程体系，架构了高品质学校的特色育人体系。例如，通川研修组成员学校组织人员，调查挖掘达州当地人文、艺术、美食、风俗资源，开发诸如"达州民歌""达州美食""达州人物""达州美景""达州民俗"等具有达州地域特色的校本课程，唤醒了孩子们对于家乡文化的尊重与热爱的情感。目前，工作室成员校均构建了适合学生发展的特色课程体系，如通川区七小的"七彩"课程、南充仪陇宏德小学的"德善"课程，通川区一小江湾城学校的"润"课程、遂宁金鱼试验学校的"幸福生长"课程、达州渠县三小的"国学经典"课程等。如今，这些课程已成为学生学习、生活中最为灿烂明媚的"阳光"。

群英荟萃，大咖云集，工作室开展"提升校长课程领导力实践论坛"线上线下研讨，来自北京、重庆、成都、达州、遂宁五地教育专家，以及重庆、四川等地市州的校长和骨干教师，遂宁市各区县的校园长和骨干教师，或齐聚云端，或相约遂宁市富源实验学校，共话"提升校长课程领导力"，共筑川渝教育"鼎兴之路"。论坛采用线上线下相结合的方式，重庆、四川等地共1.2万余名校长和骨干教师同步线上研修。凭借这股论坛东风，进一步扩大了川渝教育界的交流与合作，助推川渝教育蒸蒸日上，办更加公平、更有质量的高品质教育，为成渝双城经济圈建设贡献教育人的智慧和力量。

"领导学校课程教学"等专题研讨会相继召开，做到了理论与实例相结合，用最真实的案例阐释最前沿的理论，彰显了校长的专业精神，强化了校长对学校课程教学发展的专业引领，开启了"领导学校课堂教学"的新思路。

（五）课堂变革，夯实"根本"，提升校长行动力

"教育改革的核心在于课程改革，课程改革的核心在于课堂改革，课堂改革的核心在于教师的专业发展，教师的专业发展在于校长的行动力。"为此，工作室提供专家和团队智慧，助力成员校尽力将资源汇聚在教师队伍打造上，将关注点放在课堂，以打造高效课堂为突破口，提高教育教学质量。

两年多来，工作室主动策划组织多场省、市名校（园）长工作室互访交流活动，分别访问了南充、巴中、大竹等地，在工作室各位校长所在的市、区教育局的大力支持下，工作室各位校长所在学校均组织承办了多场市、区级大型教育教研活动，策划组织联合研修活动，每次活动工作室都紧扣基础教育不同学段的特点，围绕基础教育热点难点开展极富特色的研讨，拓宽了教育科研的视野。充分发挥了名校长工作室引领推进区域教育教学改革实践的作用，加强了市州及校际的交流。

工作室邀请国内知名专家做了《深度学习走向核心素养　发展儿童数学关键能力》《纯美教育》《从"三无"到"三阶"　从内生到聚生》等讲座，共计邀请专家开展学术讲座30余次。

"生长课堂联合教研活动""向课堂教学要质量""解读新教材、践行新理念"等课堂改革专题研讨会先后召开，与会校长对新教材、新课堂进行了全方位、系统化的解读，受益匪浅。

领衔人王仕斌携名师团先后走进渠县、大竹等地，开展教学教研交流活动，上课教师课例结合理论，从教学理念和课堂实践两方面为当地教师们做了精彩呈现和示范引领，送上了一份精神文化的"大餐"，启发大家在思索中感悟课堂艺术，在交流中升华教育思想，在实践中收获专业成长。

四川省王仕斌名校长鼎兴工作室与李红英、孙桂蓉等名师鼎兴工作室等开展联合教研活动，大家就课堂教学改革进行了深入而富有成效的课堂分享和学术研讨，力争大面积地提升课堂教育质量。

（六）课题研究，锤炼"内功"，提升校长研究力

课题引领明思路、苦练内功谋发展。工作室确定"基于新时代背景下校长领导力提升的实践研究"总课题以来，在各课题组的努力下，各研修组通过召开多次子课题研究工作会，稳步开展理论和实践研究，提炼思想成果。工作室通过研究，内修外助，提升校长研究力，引领学校高质量建设。

聚焦立德树人的"新时代背景下校长的校园文化领导力探析"课题研究顺利开展；"校长德育领导力""提升校长领导力，科学引导学校发展"等子课题在各地区研修组紧锣密鼓进行。各研修组紧紧围绕主题，积极开展子课题的研究，交流经验，分享成果，碰撞思想，寻找路径，探究策略，外引内联，促进了课题研究的纵深发展，为工作室成员有效提升新时代校长领导力，改善对学校各方面工作的领导，促进学校管理走向高效高能奠定了坚实基础。

"新时代背景下校长社会教育资源整合与利用能力提升""新时代校长德育领导力提升的实践研究""新时代中小学校长领导力提升实践研究"等子课题有理论研讨、实践探究、案例展示、教学故事收集、课题成果提炼等。大家互学互勉，资源共享，理念共享，协同发展。"新时代背景下乡镇学校校长教学领导力的提升策略研究"2019年被列为四川省重点课题。

此外，为充分发挥四川省名师名校长鼎兴工作室的示范引领作用，工作室积极开展结对帮扶活动，领衔人和每位成员校长都与多位青年成员校长开展结对互助帮扶。各研修组举行"校长沙龙"，开展"区际交流夯实'三名'工程，专家引领助推学校发展""学校特色发展路径探索"等主题研讨活动。

以实际行动支持凉山彝族自治州中小学教育，工作室一行14人赴四川省凉山彝族自治州盐源县开展教育精准扶贫活动，并深入指导盐源县课堂教学改革，带去了两堂语数观摩课，6位校长进行了精彩的点评和专题讲座。随行教师分别走进各年级教室进行"课堂诊断"，针对课堂教学一一与老师们深入交流，引导教师注重学科育人和学生习惯培养，提升了教师的教育理念；还为孩子们上了生动的音乐示范课、机器人实践活动课、运动健身课，把快乐、健康和科技的理念传递给孩子们。同时，工作室给全校245个孩子送上书包、绘本、手套和机器人，给每个扎根山区的教师也赠送了书籍、围巾等慰问品。同时，冉东、熊英、唐振华3位校长也远赴大凉山，为凉山彝族自治州100余名正职校长做学术报告，有力助推了当地的教育扶贫工作。

五、潜心教育研究，结出累累硕果

鹤岗开拓，孕育着崛起；不懈追求，孕育着希冀。两年多来，工作室各位成员在领衔人王仕斌校长的带领、指导下，通过不断学习研究并积极参与工作室的各项研修活动，校长领导力有了较大提升，基本实现了工作室制定的"将工作室打造成集现代教育思想观念和管理理论知识于一体的学习型组织"的预期目标。各成员学校也按照工作室年度规划，结合本校实际，开拓进取，奋力拼搏，在教育管理、教学教研等方面充分发挥了示范引领与辐射带动作用，使教育这片原野，花儿簇拥香四溢，硕果累累压枝低。

领衔人王仕斌受邀参加教育部第二期中小学名校长领航工程暨四川省名校长工作室建设专题研讨活动，并做专题发言。冉东校长参加首届中国基础教育论坛暨中国教育学会第33次学术年会交流活动。工作室3所学校的校长受邀在省第27届小学教育教学改革研究共同体暨第3届STEM教育教学改革研究共同体学术研讨会开幕式和校长论坛上做专题发言。王仕斌和成员冉东共同撰写的学术论文《课堂革新——激发生命的活力》被选入专著《走向高品质学校——理论探索篇》，在四川教育出版社结集出版，并全文刊发在《教育科学论坛》第8期。

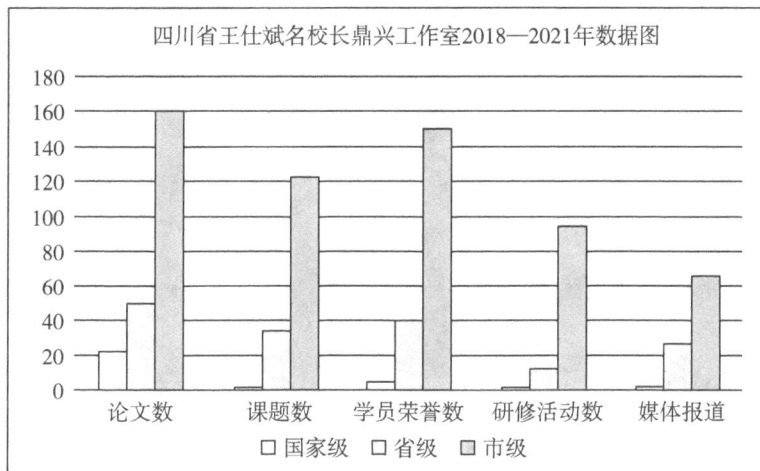

图4-1　工作室数据图（2018—2021年）

自启动以来，工作室邀请了国家教育行政学院于维涛主任、北师大中小学校长培训中心副主任毛亚庆、成都师范学院李小融教授、省教科院原党总支书记院长刘涛、《教育科学论坛》崔勇主编等20余位知名专家指导。王仕斌校长率领工作室成员共承担主讲中小学教师省级高端研修培训23次，专题研修活动140余次，基层学校培训讲座50余次，区域中小学教师、家长及学生培训讲座180余次，受众达10万余人；每场讲座现场都反响热烈，成效显著，在各地市州产生了一定的影响力。

4年来，工作室成员积极开展课题研究，主研国家级课题2项、省级21项，获得省、市级奖项100余项；撰写成长故事、论文和经验文章200余篇，各成员获得国家、省级表彰达45人次。学习强国、《教育导报》、今日头条、四川在线、中国教育新闻网、《中国教师报》等国家、省级媒体对工作室特色活动进行了详细报道。王仕斌校长被遴选为教育部新时代"双名计划"名校长培养对象，何洪育、李勇、郝朝庄、郑小均、宋红梅、唐振华、张小强7位校长被评为正高级教师，何洪育、张小强、唐振华、李勇、郑小均5位校长被评为省特级教师，唐振华、郑小均、李勇、张小强、宋红梅、郑权、胥必春7位校长被遴选为省卓越校长工作室主持人，李勇校长被遴选为省名师工作室领衔人。90余所成员校在推动区域教育优质均衡发展、教师队伍建设、办学水平、教育教学质量等方面得到了整体提升，实现了培养一个、带动一批、辐射一片的社会价值。

雄关漫道真如铁，而今迈步从头越。站在一个全新的起点上，唯有以"不驰于空想，不骛于虚声"的创新实干精神，纵深推进工作室各项工作，全力提升校长的专业素质，进而为我省基础教育的跨越发展贡献"四川省王仕斌名校长鼎兴工作室"的智慧和力量。

（2022年入选《中国名师工作室名录》）

履行领衔人使命，助力四川教育振兴

我在《我和我追逐的梦》一文中写道："每个人都应该为梦想而奋斗，追寻生命的意义。"做领衔人后，理解又深了一层，我觉得校长应是一个梦想家，学校应该是所有师生梦想起航的地方，校长要懂得经营教师的希望，放飞学生的梦想，重视发现每个师生的闪光点，努力创造让每个人绽放精彩的机会，相信这样的绽放就能通达生命的精彩，缔造人生的幸福。

不驰于空想，不骛于虚声，创新实干。作为四川省教育厅首批名校长鼎兴工作室领衔人，我不断纵深推进工作室各项工作开展，全力提升校长的专业水准，为四川省基础教育的跨越发展贡献自己的绵薄之力。

一、投身实践，品质示范

在发展竞争面前，唯改革者进，唯创新者强，唯改革创新者胜。作为工作室领衔人，我只有不断汲取名家的先进思想和理念，潜心学校管理，躬耕教育教学实践，带领学校高品质发展，不断超越自己，才能不辜负组织给予我的荣誉和信任。

我带领学校全面实施素质教育，重视校园文化建设，优化校园人文环境，坚持依法治校，以德立校，以师强校，以生共校。坚持"五育并举"，以"七彩教育"为办学特色，让每个孩子都"通文广艺"、拥有"七彩人生"，坚定不移推行高效课堂改革和实施自主管理。教学、教研、艺体、科技全面开花，学校正阔步走向高品质发展大路上。

几多耕耘终有成，通过自己的努力，在全省基础教育领域有着良好的声誉，学校的对外影响力也进一步扩大。我先后应邀在全国生长课堂高峰论坛、京蓉深杭"南北四地课堂变革与教学领导力提升"研讨会、中国西部教育先锋论坛、四川省小学教育教学改革研究共同体大会等学术研讨会上做专题发言与经验分享。

二、教育科研，凝聚力量

"不搞科研的校长，是没有生命力的校长！"正是在这种信念的支配下，我鼓励工作室每位校长进行教育科研，在教育管理中逐渐形成自己的风格。

工作室成立以来，确立了《基于新时代背景下中小学校长领导力提升的实践研究》总课题，号召各研修组根据总课题进行子课题的研究，目的是以中小学典型实践案例为基础，探寻校长领导力提升的行之有效的路径与策略，以及建构理论模型，对新时代校长的顶层设计力、师生智慧的凝聚力、治校能力、团队建设力、文化构建力、德育领导力、课程领导力、教育科学研究力、外部环境协调力等进行研究，并形成研究成果、经验，使学校管理走向现代学校治理，使学校治理走向高效高能管理，最终推动教育优质发展。大家通过课题研究，锤炼"内功"，提升了校长研究力。目前，各学校逐渐形成了"一校一品"，每位校长正在带领学校走向高品质。

三、一路同行，演绎精彩

2018年年底，在四川省教育厅的层层遴选下，我成为首批名校长工作室领衔人，成为川东北地区唯一的一个名校长工作室。作为工作室的领衔人，我深感荣幸，胸中激荡着满满的幸福与激动。在兴奋与自豪的同时，我更深深感受到的是一分信任，两分鞭策，三分义务，四分责任，合起来就是整整十分的使命。这份沉甸甸的使命捧在手心、担在肩上、放在心里，使我不敢有丝毫的懈怠。工作室每次研修活动都得到了各市州政府、教育局的关心、支持和帮助，我只有勤奋工作，履行领衔人使命，用优异的成绩来回报领导和教育同人对我及工作室的关爱和信任，助力四川教育振兴。

我认为工作室不仅是一种荣誉，还是校长治校经验交流的平台、名校长教育思想和办学实践展示的窗口、校际深度合作的纽带，更是一种不忘初心的坚守和情怀。

（一）进行系统规划，名家启路专业引领

我希望把工作室建成示范、引领和辐射，积淀厚实教育理论，不断提高办学质量的校长"加油站"、名师的"修炼室"，用这份坚守和情怀去带动更多教师成长，去铸就更多孩子的未来，共同推动四川教育事业发展再上新台阶。

我们既是优秀的个体，又是具有张力的共同体。我们的目标就是通过这个"专业学习共同体"培养一批又一批有教育思想和教育风格的优秀校长，造就一支理念先进、视野开阔、能力超强的高素质校长队伍。

我根据现实情况变化，不断完善工作室三年规划，研修活动多次邀请包括于维涛教授、刘涛院长在内的20余位国内知名专家亲临工作室，指导成员学校校园文化建设，为工作室成员做学术报告或专题讲座。同时，我携名师团多次走进各成员学校开展教学教研活动。

（二）抓实各类研修，引领学校品质发展

1. 集中研修与自主研修结合

工作室做到精心策划集中研修与大力鼓励个人自主研修相结合、注重市内研修与跨市学习相结合、加强个人素养提升与示范辐射相结合。积极响应省教育厅、省教师项目办的号召，开展"川越视界，天府师说"之"提升校长课程领导力实践论坛"线上线下公益论坛活动。组织工作室成员赴北师大开展校长高端研修，参加"首届中国基础教育论坛暨中国教育学会第33次学术年会交流""全省小学教育教学改革研究共同体学术研究会"等学术活动。截至目前，各研修组已开展了100余次专题研修活动。同时，我主张以考核为"杠杆"，鼓励各研修组积极开展实践研修活动，真正促进了校长个人专业成长。

阅读，是校长的必修课。我号召各研修组开展读书、实践、分享、交流活动，从而加强校长们的学术修炼。为工作室成员购买了《校长如何提升课程领导力》《校长如何引领教师成长》《优秀校长一定要做的18件事》等专业书籍，不断为支撑校长专业发展夯底蕴、亮底色、聚底气。

2. 个案诊断促学校发展

我多次邀请专家深入成员校开展专题调研、实地考察、交流研讨、校情诊断、综合分析，全方位了解各校办学理念、发展方向、基本校情、强校手段、管理模式、发展瓶颈，对工作室成员所在校进行个案诊断、分析、评估和交流。

（三）聚焦乡村教育，专业引领均衡发展

我及时响应省委省政府、省教育厅的号召，充分发挥示范、引领作用，怀揣对乡村教育校园文化的思考，对校长领导力的探寻，我多次带领专家及工作室成员踏上校园巡诊、思想碰撞之旅。在工作室的引领下，一大批乡村青年校长快速成长，相信乡村教育未来必将花开有声，硕果盈枝。

在我的带领下，成员校校长及骨干教师共14人赴凉山彝族自治州盐源县开展教育精准扶贫活动，并深入指导盐源县召开的2020年中小学"课堂教学改革、全员德育体系建设校长论坛"活动。一行人代表各成员校给全校245个孩子送上书包、书和手套，希望盐源县小堡子村的孩子们有阳光、有礼貌、有理想；给每个扎根山区的教师送上书籍和围巾，祝福他们多读书，专业不断发展。

四、激励鞭策，追寻幸福

我多次参与研修活动，并在活动上或做专题讲座，或分享交流，或参与感悟等，用我的经历和成长故事激励工作室的每位校长，去鼓舞每位校长对教育的热爱与坚守。每当一批又一批的青年校长在思想上和管理上取得进步，在平时的工作、言谈和成长故事的分享中自然地流露出对我的敬佩和感激时，我的心中便涌出一股感动和安慰，也鞭策我要不断努力，为工作室奉献自己的无悔青春。

是啊，作为领衔人，指导、培养他们，通过培养培训、理论研究、实践探索和成果推广等，让他们在今后的教育生涯中能适应瞬息万变的教育改革大潮，我责无旁贷。90余位校长在工作室迅速成长，实现了培养一个、带动一批、辐射一片的价值，有力助推了90余所成员校的品质发展。他们取得的进步，让我感到作为一名指导者成功地履行领衔人使命的幸福和快乐，它也将激励我在未来的路上一刻也不停息地继续努力。在我的脑海里，总是浮现出这样一幅画面：在工作室这片沃土上，一大批青年校长正逐渐成长为参天大树，共同托起四川教育这片蔚蓝的天空……

我坚信，工作室一定会成为：一片蓝天，放飞着教育的理想与信念；一方绿野，孕育着教学的快乐与智慧；一泓清泉，洗涤着校园的浮躁与铅华；一叶小舟，迎着朝阳驶向美好的明天……

让我们心怀教育理想，做新时代教育的追梦人，奋斗到永远吧！相信，终有一天，我们的身后，是一片灿烂的鲜花。相信自己，终有一天，你的梦想会变成现实！

让生命与教育使命同行，从"心"出发，行走在成长的路上，为追寻自己的梦想奉献自己的赤诚与至爱！

在教育的原野上奋力奔跑

——四川省王仕斌名校长鼎兴工作室工作总结材料

岁月动弦，绪引夕烟。站在时空交替的路口，岁月凝眸，携手一路前行，零落一路花香。在四川省教育厅、四川省教师培训项目办公室及有关专家的关心支持下，四川省王仕斌名校长鼎兴工作室以习近平新时代中国特色社会主义思想为指引，坚持立德树人根本任务，圆满完成了省教育厅规定的研修任务，充分发挥了名校长工作室应有的示范引领作用，推动了各成员学校向高品质教育阔步前行。

一、彰显目标特色，提升办学品质

工作室成立伊始，就着力进行硬件和软件的建设，配备了专门工作室、会议室和相关办公设备，确立了工作室理念、研究方向和奋斗目标，即以学校管理为研究领域，以教师队伍建设和课程建设为主旋律，以学校特色建设与提升为研究方向，采取的措施主要有以下几个方面。

（一）精心规划，全面提升

工作室围绕工作理念和奋斗目标，建立健全工作室的组织机构和岗位职责，制定了学习与研讨制度，建立了学员档案。各成员校长根据工作室发展规划，制定个人年度发展规划，系统梳理本校的办学特色和理论体系，以及个人经验得失和办学理念。在具体办学实践中，牢牢抓住"立德树人"理念，以优化学校教育教学管理、推进学生生涯规划教育为主要研究方向，全面提升学校办学品质。

1.初心不变永向党，特色发展明方向

工作室各成员以党建为载体，通过"从读书学习中提高自己，在办学实践中改造自己，在党内生活中锻炼自己"三个基本途径和重要环节，在学习—实践—反思的往复循环中不断提升思想道德境界，增强了党性修养。

邓小平同志曾说："共产党人干事业，一靠真理的力量，二靠人格的力量。"当下，在人民对优质教育的强烈需求和教育发展不均衡、不充分的背景

下，学校办学更需要在校长独特的人格魅力感召下，凝聚办学合力。"优化内部管理、调适外部环境"就成了工作室对成员校长的培育着力点。

习近平总书记强调要做"四有"好教师，而作为教师领头人的校长则更应有宽广的教育情怀。为此，工作室各成员校长结合本校实际，谋求特色发展，树立正确的学生观，相信"学生就是种子"，虽然花期不同，但会一样精彩；树立正确的教师观，坚守"教师第一"的发展理念，着力抓好党员队伍、干部队伍、骨干教师队伍建设；树立正确的素质教育观，以"优异成绩＋"作为检验我们素质教育的标尺，关注学生成长，办公平、有特色、有品质的教育。

四川省王仕斌名校长鼎兴工作室临时党支部开展"缅怀先烈不负韶华逐梦前行"主题党日活动，全体成员前往万源保卫战战史陈列馆参观，大家跟随讲解员的脚步重温革命历程，追忆峥嵘岁月，聆听革命先烈的英雄事迹。大家表示，要传承红色精神，不忘初心、牢记使命，进一步坚定为建设高品质学校而努力奋斗的理想信念。

一个党员就是一面旗帜，一个支部就是一座堡垒。面对突如其来的新冠疫情，工作室各成员校不忘初心，砥砺前行，充分发挥战斗堡垒作用和党员先锋模范作用，坚决守护师生健康，为全体师生保驾护航。

2. 探寻文化根源，凝聚办学"灵魂"

文化认识和文化认同是凝聚全校、推动全校可持续发展的关键。全体教职员工、学生对学校文化的认同，其实就是对学校办学思想的认同。这种办学思想在一代代校长和师生的长久活动中积淀下来，就形成了学校文化的核心。

工作室首要任务之一就是帮助成员校长明晰各自学校的文化核心。工作室通川研修组2020年11月26日赴通川区罗江八一希望学校参加少年军校现场交流活动。大家纷纷认为，要办一所高品质的学校，离不开特色教育，特色教育的挖掘、定位应该结合自身的地理优势、人文优势去打造，而不是盲目去寻找，开展特色教育不仅仅是培养特长生，而是要把学生培养成具有特色素养的精英人才。

"路漫漫其修远兮"，高品质学校的建设之路任重道远，大家都在这条道路上不断前行，砥砺奋进。

（二）众志成城，同心战"疫"

一场新冠疫情突如其来，来势汹汹，这场疫情牵动着千千万万的中国人的心，也阻挡了学生如期踏进校园的脚步。四川省王仕斌名校长鼎兴工作室领衔人王仕斌指出"学生在哪里，学校就在哪里；学生在哪里，学习就在哪里；学生在哪里，教师就在哪里；学生在哪里，教育就在哪里"。为响应省教育厅坚决打赢疫情防控阻击战的战斗号召，做到"停课不停学""停课不停育"，各成员校积极探索新形势下的育人机制，尽心尽力为学生及家长提供知识宣传普及、线上辅导、答疑解惑、心理疏导、学生关爱等系列服务，起到了良好的家校共育效果。在这场没有硝烟的战争中，各学校以活动为抓手，开展了一场关爱不掉线、组织有秩序的阵地战。

疫情期间，工作室微信公众号开设"战疫防疫，名校在行动"专栏，推送各成员学校在安抚孩子的心灵、停课不停学、停课不停育等方面难忘的经历、感人的故事和独特的做法和经验共31期，得到了省市区领导和社会、家长的好评。

（三）交流融通，资源共享

工作室一贯坚持"走出去，请进来"的发展思路，积极开展各类学术研讨活动，共研、共行、致远。

1. 重顶层设计，教育向上更加美好

学校发展的顶层设计，必须基于对学校教育真谛的正确理解，对学校发展阶段的精准把握，对学校学科内部优势的清晰了解和有效分析。

为此，工作室主动策划组织多场省、市名校（园）长工作室互访交流活动，拓宽了成员校长教育科研的视野。

以"聚焦教育改革前沿引领教师专业成长"为主题的工作室南充研修组专题研讨会在南充市仪陇县双庆小学校成功召开。

四川省王仕斌名校长鼎兴工作室仪陇研修组成员、南充市仪陇县方州小学校长郑权率学校行政及骨干教师30人赴达州考察，分别到通川区七小新锦学校、通川区一小江湾城学校、通川区一小莲湖学校、达川区逸夫小学就校园文化、课堂教学、特色活动等方面进行了参观和深入的交流研讨，共谋学校高品质发展大略。

宣汉研修组举行"提升学校品质发展"专题研讨活动。《教育科学论坛》主编崔勇应邀指导。

巴中研修组举办"转变育人方式，促进学校高品质发展"的实践策略研修活动，《教育科学论坛》主编崔勇应邀指导本次研修活动。

此外，工作室还邀请省际专家做了《深度学习走向核心素养 发展儿童数学关键能力》《纯美教育》《从"三无"到"三阶" 从内生到聚生》等讲座，共计邀请专家开展学术讲座30余次。学海漫漫心无涯，高山仰止景无边。

2. 抓课程建设，学生自主多元发展

课程是学校特色发展与文化变革的"主脉"。各学校整合每个学科的目标、内容、评价及资源，同时依据学生的水平和考试选择目标、内容的分层分级管理，实现学科课程层级化，使学习活动形成了多元化、自主化，即自主选择"学习伙伴"、自主选择"内容"、自主选择"理解"、自主选择"学法"、自主选择"作业"。学生通过教师有意识地培养，从乐于自主选择到善于自主选择、敢于自主选择。这样，学生就以"我"为本，掌握了学习的主动权，依靠自己的能力去学习，形成课程分级、学习自主的教育生态。

南充研修组成功举行"领导学校课程教学"专题研讨会。群英荟萃，大咖云集，四川省王仕斌名校长鼎兴工作室开展"提升校长课程领导力实践论坛"线上线下研讨。

3. 强课堂教学，质量提升有保障

"教育改革的核心在于课程改革，课程改革的核心在于课堂改革，课堂改革的核心在于教师的专业发展。"为此，工作室提供专家和团队智慧，助力成员校尽力将资源汇聚在课堂，将关注点放在课堂，以打造高效课堂为突破口，提高成员校的教育教学质量。

四川省王仕斌名校长鼎兴工作室、李红英名师工作室、孙桂蓉名师工作室联合教研活动在巴中西南大学第三实验学校隆重举行。大家就"构建灵秀课堂，打造质量品牌"进行深入而富有成效的课堂分享和学术研讨，力争大面积地提升课堂教育质量。

四川省王仕斌名校长工作室领衔人王仕斌携名师团走进渠县，开展为期一天的教学教研交流活动。上课教师课例结合理论，从课堂实践和教学理念为渠县及渠县三小的教师们做了精彩呈现和示范引领，给教师们送上了一份精神文化的"大餐"，启发大家在思索中感悟课堂艺术，在交流中升华教育思想，在实践中收获专业成长。

"打铁还需自身硬"，教师只有不断提升自己的专业水平，才能适应教育发展和课堂改革的要求。工作室引入优质教育资源，教师通过自我学习，同伴互助，专业引领等途径不断提高职业素养；通过宽厚的教育理论、广博的相关知识、精深的专业知识的学习，提高自己专业素养、教育技能和情智素养，成就自己的专业发展之路，实现自己的教育梦想。

二、诊断办学困惑，扩大辐射影响

良方在握，前路坦荡。工作室成立两年来，在领衔人王仕斌校长的带领下，各成员校长深入工作室各成员学校开展了交流诊断活动，通过实地察访、听取汇报、交流研讨等形式，了解各成员学校的发展状况和存在的问题，并提出有针对性的建议，让每位成员校长在一次次的交流中提升理论水平和管理素养，也让各成员学校获得提升学校办学质量的良方。

（一）坚定使命担当，助推高品质教育

自工作室启动以来，王仕斌校长率领工作室成员共承担主讲中小学教师省级高端研修培训15次，基层学校培训讲座50余次，区域中小学教师、家长及学生培训讲座100余次，受众达千余人；每场讲座现场都座无虚席，反响热烈，成效彰显。

在四川文理学院学术厅，四川省王仕斌名校长鼎兴工作室领衔人王仕斌校长为阿坝州小金县全体骨干教师及王仕斌名校长鼎兴工作室通川区青年学员做了《新时代，生命与教育使命同行》专题讲座。工作室通川研修组全体成员带着阅读《走向高品质学校》的感悟，齐聚通川区西罡学校，分享读书的收获，共话高品质学校的建设之路。工作室领衔人王仕斌校长亲临现场指导。8月25日，四川省王仕斌名校长鼎兴工作室赴革命老区万源举行了主题报告会。王仕斌校长为万源市全市校（园）长、教育行政干部和四川省王仕斌名校长鼎兴工作室万源研修组青年学员共300余人做了《新时代学校校长文化领导力探析》的专题讲座。办崇文尚礼之校，育知书达礼之人，四川省王仕斌名校长鼎兴工作室通川研修组成员单位校长以及通川区部分小学校长精彩论道"通川有礼"。四川省王仕斌名校长鼎兴工作室宣汉研修组在宣汉县土黄镇第二中心小学举行"提升学校品质发展"专题研讨活动。

读有思想的文字，做有温度的教育，携手走向高品质。四川省王仕斌名校长鼎兴工作室通川区研修组开展《走向高品质学校：实践示范篇》读书、实践、分享、交流活动。

（二）聚焦课题，引领提升校长领导力

以科研承载工作室的发展，以课题研究牵动各个学校的发展，工作室的专项课题"新时代背景下乡镇学校校长教学领导力的提升策略研究"2019年被列为四川省重点课题以来，各研修组积极开展课题研究，根据"新时代背景下校长社会教育资源整合与利用能力提升"课题目标，各成员将围绕小课题开展理论研讨、实践探究、案例展示、教学故事收集、课题成果提炼等研修活动。巴中研修组举行第五次集中研修活动，以"学校科研课题成果凝练专题研讨"为主题，对省教厅课题"新时代中小学校长领导力提升实践研究"子课题"新时代校长德育领导力提升的实践研究"进行课题研究阶段性成果分享。"教育科学论坛"主编崔勇等专家应邀指导。

平昌研修团队赴平昌县马鞍小学开展"引领教师教育自觉的校长人格特征"课题研讨会。大家互学互勉，资源共享，理念共享，协同发展。四川省王仕斌名校长鼎兴工作室宣汉研修组在宣汉县教研室召开了课题阶段成果研讨会。9月28—29日，四川省王仕斌名校长鼎兴工作室"提升校长科研领导力"专题研讨会暨大竹一小教育集团联盟校际交流会活动举行，旨在促进相互学习，提高教学艺术，更新教学手段，积极探索提升校长科研领导力的新途径。

（三）考察调研诊断，结对帮扶促发展

在做好培训研修工作的同时，工作室也重视做好工作室学员间的交流、学校问题诊断和乡村中小学校长帮扶结对工作。一年来，工作室成员在领衔人王仕斌校长的带领下，分别来到通川区八一希望学校、平昌县马鞍小学等学校进行考察调研等，此外，工作室还热情开展结对帮扶活动，领衔人和每位成员校长都与多位青年成员校长开展结对互助帮扶。

南充市仪陇县马鞍片区联合柳垭片区、大寅片区名学校和名校长工作室，共同开展"区际交流夯实'三名'工程，专家引领助推学校发展"主题研讨活动。王仕斌校长及其工作室成员、成都天府教科院附属小学熊英校长受邀指导。

四川省王仕斌名校长鼎兴工作室"校长沙龙"平昌专场在平昌县思源实验学校举行。本期沙龙以"学校特色发展路径探索"为主题。王仕斌校长以《文化育人，特色办学》为题做了专题讲座，从名校长的角色定位、名校长应有的素养、名校长的五项修炼、名校长的神圣使命、文化育人的策略思考、文化育人的路径探索等六个方面进行了详细的阐述。

为充分发挥四川省名校长鼎兴工作室的示范引领作用，以实际行动支持凉山彝族自治州中小学教育，四川省王仕斌名校长鼎兴工作室一行14人赴盐源县开展教育精准扶贫活动，并深入指导盐源县召开的2020年中小学"课堂教学改革、全员德育体系建设校长论坛"活动。

为更好发挥名校长工作室辐射示范作用，工作室还严格按照省教育厅工作指引，利用四川省教育资源平台建设网上工作室，发布多条教育管理案例资源，每年定期开展网络研修活动，营造"资源共享、技能共促、创新共推、文化共融、绩效共赢"的良好局面。

三、潜心教育研究，结出累累硕果

几年来，各成员积极撰写成长故事、论文和经验文章100余篇，对外公开讲座50余次，各成员获得国家、省级表彰达180余人次。同时，《教育导报》、今日头条、四川在线、中国教育新闻网、《中国教师报》等国家、省级媒体对工作室特色活动进行了详细报道。

凡是过往，皆为序章。我们相信，在上级领导和有关专家的倾情支持下，我们将永不懈怠我们的追求，不遗余力地传播希望的种子，伸一支长篙向教育教研最深处漫溯，载一船星辉，在星辉斑斓里放歌！

学校教育发展规划的调控策略

一、教育规划调控的缘起及背景

（一）缘起

关于学校发展规划，我始终有一个困惑：在具体的实施过程中，怎样有效开展对规划的调控，才能在规划的制定与具体实施中避免"两张皮"的现象。在曾经多次制定并实施学校发展规划的感性认识基础上，我觉得围绕有效调控这一学校教育规划制定与实施的着力点来思考并审视学校教育规划的过程化管理或许会达到预期的效果。

（二）世界大背景

学校发展规划率先在英美等西方国家兴起，20世纪50—70年代是西方教育规划空前繁荣的年代，后因缺乏有效调控，进入70年代后就出现了许多问题。但从20世纪80年代以来，学校发展规划因其有效调控在西方国家重新又获得了很大的发展。学校发展规划及其有效调控在全世界引起了关注，越来越多的地方教育部门开始尝试这一项目并在具体的实施过程中结合有效的调控策略，希求达到教育规划预期的目标。

（三）我国的现实背景

目前，学校发展规划也逐渐成为我国教育改革的一个热点。我国各地正在进行的实验性示范性学校建设、基础薄弱学校治理与改进，都非常重视学校发展规划，并把它作为改进学校管理效率的一个重要工具或手段。但我国很多教育规划的制定是学校的几位校长冥思苦想所得，有的是请人捉刀代笔完成，在随后的具体实施中又缺乏有效的调控策略，最后导致教育规划聊胜于无，不了了之。

（四）学校的现实背景

2011年9月，我校占地40余亩的新校区建成招生。新校区既要传承老校的百年文化，又要与时俱进再谱华章，为此，我们制定了学校的5年发展规划，并将"'知类通达，以修大成'"确立为我校新的办学理念，即把理、工、文、体、艺统筹起来，触类旁通，让孩子们集"知识、人品、技艺、爱心"于一身，为将来之"大成"奠基。

今年，是我校规划制定并具体落实的第一个年头，如何有效将规划融入我们每一天的教育教学活动中？如何有效调控以保证规划中的目标随着时间的流逝而变成现实？无疑是摆在了我们学校一班人面前的现实问题。

二、主题概念界定

（一）教育发展规划的界定

学校教育发展规划，是学校为应对教育变革和教育发展的双重挑战，通过学校共同体成员（学校领导班子、教职工、学生、家长、社区人士和地方教育官员等）的努力，系统地诊断学校原有的工作基础，确立学校的办学方向和发展目标，分析学校优先发展项目并制订相应的行动计划。

学校发展规划通过强化校本管理的机制，提高社区参与的程度，充分调动各方面的资源和能动性，最终达到提高教育质量、更好地满足社会多方面需求的目的。

学校发展规划立足过去，指向未来，既有对过去的诊断分析，又有对未来的预测和憧憬，但它更强调把握现在。任何一种规划都不是"为规则而规划"，它关注的不仅仅是静态的规划结果，更关注动态的规划及其实施过程。从本质上讲，它是一种过程，而不是一种结果。

学校发展规划是一种学校管理的手段，建立在学校成功应付各种变化的基础上，是提高学校教育质量的一种手段。学校发展规划是一个不断积累教育经验、不断发展的周期性过程。每一轮学校规划都以前一轮规划为基础，并通过协调学校的各项规划活动，使之成为有内在结构的整体性规划。学校发展规划关注焦点是学生的教育需要和成绩，同时也关注教师的专业发展。

现在，学校发展规划正成为各地教育改革的一个热点，并把它作为改进学校管理效率的一个重要工具或手段。

（二）规划调控的界定

调控，即调节和控制。学校教育规划关注的是学校的现实诉求以及未来的愿景，可规划赶不上变化，在具体的实施过程中，因为时间的变化、教育环境的变化以及人们对教育本质的理解发生变化，都会导致规划中的目标与现实不一致或很难实现，这时就需要对规划进行有效的调控，方能与时俱进，让规划变成现实。规划调控是一种积极的实施手段和策略。

（1）正如其他社会组织一样，学校由各个部门组成，有负责教学的部门，有负责课程开发的部门，有负责学生课外和校外活动的部门，有负责学校与家长、社区联系的部门，等等，所有部门共同构成了学校的组织系统。协调和整合各个部门的活动，最终使其成为有内在结构的系统规划就必须有调控。

（2）学校发展规划在本质上是一个合作的过程，这项工作在很大程度上取决于校长和教师的协同作用。除此之外，这项工作还应咨询学校相关其他人员的意见，使之形成合力就必要倚靠调控。

（3）学校发展规划是一个持续的过程。它要求学校对自身进行诊断，以此为基础，根据学校发展目标的要求，设计、实施规划，最终对规划进行评价，这一过程是一个循环的过程。规划的内容切实可行、便于操作，在实施中的不断修正、完善就更需要调控。

三、教育规划调控的着力点

规划调控，伴随着规划的逐步实施，也是一个动态的过程，在这个过程中，我以为要从以下几个节点着力，方能事半功倍。

（一）在发展的理念和内涵上着力

一些学校虽已有较长的办学历史，但由于学校管理者缺乏科学而深刻的战略性思考，学校始终未能形成有个性特征的办学理念和实践方式，学校发展目标不明确、学校发展定位特别是目标定位不准确，未能更好地制定出远期、中期和近期规划来引领学校的发展，未能把课程建设、队伍建设作为学校发展的两大战略支柱，使学校从外延式发展转入内涵式发展。

案例一： 我们通川区一小立足校情、生情，几番探索和实践，确立了"知类通达，以修大成"的办学理念，以"为每个孩子创造主动发展的无限空间"作为学校的办学目标，并抓住课程建设这一主要途径，让目标达成。

1. 开设科技校本课程

我校把青少年科技教育不仅仅作为一种课外活动，而且结合新课程改革，自编了机器人校本教材。把科技教育活动纳入教学计划，纳入学校教学课程，面向全体学生，普及科学知识、科学思想、科学方法，培养学生创新精神和实践能力。

2. 开设国际数棋校本课程

2008年，我校就将有"不用纸笔的四则运算"之美誉的"国际数棋"纳入学校课外活动课程管理，孩子们通过参加"国际数棋"活动，既激发了学科学、爱科学的兴趣，开发了智力，又锻炼了动手动脑能力，增强了创新意识，丰富了孩子们的课余生活。

3. 开设诗文诵读校本课程

我校在推进素质教育的进程中，不断丰富课程体系，将"诗文诵读"纳入校本课程。学生通过广泛诵读经典诗文，既彰显了中华语言与文化的魅力，又引导学生进一步挖掘与诠释中华传统文化的内涵，弘扬了中华优秀文化，让学生在浓厚的文化氛围中健康成长。

除此之外，我校还将艺术与语文课改结合，形成古诗词吟唱、戏剧表演等课程；把陶艺教学和美术教学中的手工、泥塑、面塑、雕塑、儿童画等教学相整合，开发了陶艺校本课程；开展"音乐联想绘画"教学试验，引导学生张开想象的翅膀，用画笔来描绘音乐，用音乐来解读画面，引起相关专家高度关注。

我校还十分注重教师队伍建设，我们认为教师是学校的办学理念和办学方略的实践者，是学校办学的中坚力量，是提高办学质量、达成办学目标的决定因素之一。为此，我们把培养教师个性特长和独特教育教学风格作为教师专业特色发展的重要内容，通过举办教师专业成长论坛、特色教学研究沙龙等形式促进教师专业特色发展，形成有特色的个性风格和教学特长。

在明确的办学理念引领下，我校紧紧抓住课程建设和教师队伍建设这两大支柱，使学校走上了内涵式发展道路，提升了办学品味。

（二）在发展的方向和路径上着力

一些学校在发展的方向和路径上致力做大与快速扩张，特别是有些学校热衷于超大规模学校的易地新建，举债"圈地"动辄数百亩，招生规模膨胀了好多倍。发展固然要有规模，但更要有质量，学校应处理好做大与做强的关系，要"做精做强"。

在学校的教育规划中，我们明确指出要以促进学生全面发展为方向，以创新特色活动载体为路径，"做精做强"。

案例二：目前，我校有3个校区，占地90余亩。我们认为，校园特色活动是落实发展方向、促进学生全面发展的重要途径。为此，我校充分挖掘潜力，广泛运用教育资源，积极开展特色教育活动。在进行好课堂教学的同时还大力开展各种课外活动，让学生"在快乐中学习，在活动中成长，在实践中感悟"。

1. 求活求新的德育活动

根据新时期孩子心理特点和目前社会普遍关心的问题，我校创设了养成教育、感恩教育、安全教育、责任教育等主题鲜明，形式多样的主题班会，班会还邀请家长参加，已成为我校德育教育的一道亮丽的风景线，得到了家长、社会的肯定。

2. 求实求细的科普活动

我校把每年10月定为科技教育活动月，开展评比、竞赛、展示、表演四大类、十个项目的竞赛活动。评比类包括发明创新作品、科学小论文、社会实践活动；竞赛类包括国际数棋竞赛、电子模型制作竞赛、科学知识竞赛；展示类包括优秀科技作品展板、研究性学习成果展板；表演类包括机器人表演。

3. 求新求异的创新活动

我校成立了国际数棋、机器人、科学幻想画、科技手抄报、科普知识比拼、陶艺、科学DV、科学小实验、模型拼装等多个创新活动小组，科技教师给学生提供实验材料，教给学生研究方法，引导学生参与研究活动。

我校以丰富的师生实践活动为路径，立足于课堂校园，延伸至课余校外，促进了学生的全面发展。

（三）在特色的定位和提炼上着力

一些学校对办学特色的理解存在偏差，以为特色就是教学质量，或是将培养少数音体美特长生渲染为特色。部分学校虽然有一些办学亮点或者说在特色建设方面取得了初步成效，但依然未能总结、提炼出"人无我有、人有我精"的个性化办学经验，未能将学校特有的传统优势与办学特色相融合，未能进一步梳理出能够支撑学校整体发展的办学特色。

案例三：我校在特色办学实践中，以"知类通达，以修大成"为办学理念，逐步形成了"适合孩子发展，适宜环境变化，适应时代变迁"的三适合特色教育，为每个学生创造了主动发展的无限空间。

我校还创新特色激励机制，对孩子们的表彰一改以往"优秀学生"只评少部分学习优秀学生的惯例，因为以往的评价只是让少数学生获得成功的体验，忽略对大多数学生的激励，其标准化与划一性，忽略对学生个性化的激励，缺乏渐进性与延伸性，不利于大多数学生素质的可持续发展。现在，我校的优秀学生表彰占比高达100%，每一位学生都会因为他在某一个方面做得优秀而受到表彰。我校让每一位学生都有被激励、被奖励的机会，不把荣誉集中在少数几个人身上，不把学生分成三六九等，使每一位学生身心都得到健康的发展，让每一朵花朵都尽情绽放。

四、教育规划调控的具体策略

学校发展规划是引领学校发展的纲领性文件，它的产生和形成过程其实已经体现了教师参与学校管理、浓厚学校文化氛围、形成学校发展共识、凝聚人心的初步过程，这是学校的宝贵财富，所以我们认为有效调控学校发展规划是延伸这个过程，要尽可能地使学校这支教师队伍趋向于有着共同目标和期望，有着类似的观念、责任、行为，得以形成一支充满凝聚力和向心力的团队，对我们这样一所"巴渠教育排头兵"的学校来说显得尤为重要。

（一）建立起发展规划管理的调控体系

学校应及时进行发展规划分析评估，发现并准确判断发展的最佳机遇，通过发展规划选择评估，及时获取和处理发展规划执行情况与发展规划目标的差异，通过发展规划绩效评估，对发展规划目标完成情况的分析、评价奖惩和调控，有效实施发展规划管理的事前、事中和事后控制。

只有将发展规划分析评估、发展规划选择评估和发展规划绩效评估有机结合，不断地将发展规划制订过程与实施过程融为一体，才能建立起发展规划管理的调控体系，有效地调控发展规划。

（二）合理分解，调控年度发展工作计划

依据规划中对年度工作计划的要求，我校合理分解学校发展规划目标，确定实现年度目标的措施、策略，充分考虑工作计划与学校发展规划的对应性，工作目标的科学性，措施的可操作性、可行性。

案例四：针对我校新校区的现状，在落实学校五年发展规划时，首先围绕规范办学这一总体目标确定了以规范管理为重点，以稳步推进、分层分类为工作原则，围绕搭建框架、形成机制、建立制度、强化管理四个层面的工作要求，拟定了六个方面的工作目标和七个工作目标量化指标，出台了六个方面的工作举措要点，与此同时，学校下达了年度发展工作计划目标分解书给学校各个部门，分解书包含了年度工作计划分解目标、具体工作的调控措施、对应的发展性教育督导评估指标三块内容，这样通过自上而下的层层分解，使工作目标明确落实到部门或个人，具体措施更具操作性。

（三）项目管理，强化规划调控的有效性

在学校发展规划的制定过程中，我们考虑到制定好的规划应该由制定者来加以实施。既然制定的过程体现了民主，体现了共同参与性，那么在实施过程中就要突出制定者实施规划的主体地位，避免出现把学校规划与年度计划束之高阁的现象。

案例五：我们尝试引入项目管理的理念到学校管理中，目的是促使校长能分权和授权，最终确立项目负责人的主体地位，避免中层领导事事请示，工作缺乏主动性、创造性不高的不足，其实做校长的对中层领导感触最深的是他们缺乏宏观的思考，那是因为我们没有提供给他们机会与平台，在这里我们所要设想形成的是一种理想的工作环境。在项目管理过程中，校长组织召开项目实施的前期会议，明确此项工作的质量标准、完成期限，倾听实施过程中应提供的保障措施要求，为负责人独立开展活动创设良好的工作平台，项目负责人可以调动校内资源，而接下来学校最主要的是拟定此项目实施的结果评估办法，建立一定途径和方式方法开展项目评估工作。通过这一环节，激发中层领导的积极性和独立开展工作的成就感，也促进中层管理人员管理水平的提升。同时我们倡导把项目转变成各级各类课题，建立项目完成激励机制，实行项目完成质量考核，以提高项目实施的有效性和高质量。

（四）校本评估，突出规划调控的过程化

规划实施的过程化管理是学校管理的一个很重要的部分，应与学校日常管理融合在一起。所谓过程化，其实就是开展对规划实施的校本评估工作，由于制定的学校发展规划与发展性教育督导指标体系有很强的一致性，在开展校本评估中主要分常规评估、专项评估、项目评估三类，常规评估即围绕发展性教育督导评估方式展开，如计划类评估（学期计划评估、月工作计划评估、周工作安排评估）、改进预防类评估和管理常规类评估；专项评估即围绕阶段性工作重点或薄弱工作开展评估或校内督查。

案例六： 今年上学期在开展"六一"儿童艺术节活动过程中，为了保证活动质量及活动的后续管理，我们对每个活动均进行了专项评估，并将评估结果纳入教师个人考核与评优之中。项目评估即针对每个项目方案开展全方位的评估工作，我们想借助于发展性督导评估的思想制订具体的评估方案，通过评估环节，进行过程监控，在不断反馈、矫正、调控中做实、做精各项重点工作，通过评估，也使管理者很清晰地掌握了学校发展规划实施的质量与脉络。

五、健全规划调控的组织基础

为保证学校发展规划的有效调控，我校建立了相关的保障机制，创造了良好的内外部条件，使发展规划调控有计划、有组织、有序推进。

（1）成立以校长为组长的学校发展规划调控领导小组和各专项小组。

（2）建立规划调控的评估机制和奖励激励制度。

（3）调整学校部门设置，使之与项目组对应。

（4）建立完成规划调控的经费保障。

（5）建立学校论坛制度与调控交流沟通平台。

六、学校发展规划调控的思考

（1）缺少外部对学校发展规划调控的评估，学校发展规划调控的效果难以把握，规划调控的科学性有待于进一步论证。

（2）尽管有学校内部评估，但在具体操作中仍难以把握调控力度，调控的效果对于规划的修正与完善主动性不够。

对我们来说，规划的调控只是初步展开，或许有许多不成熟的地方，有些想法还停留在启动阶段，但我们执着于这样一种信念：学校发展规划是一种管理理念，学校发展规划调控更是一种学校管理行为。

校长课程领导力提升的有效策略

——在川越视界，天府师说：四川省王仕斌名校长鼎兴工作室"校长课程领导力提升的策略研究"线上线下研讨会上的专题报告

课程是教育永恒的课题，课程好比透视镜，具有独特的工具价值，更折射出精神的价值光芒。校长是学校的灵魂、旗帜，提升校长课程领导力，是办好学校的关键。

一、什么是校长课程领导力

日本学者左滕学在《静悄悄的革命》中说：所谓课程，一字以蔽之，就是学习的经验。所以，课程就是学习的经历、轨迹，课程领导是课程实践的一种方式，是指引、统领课程改革、课程开发、课程实验和课程评价等活动的行动总称。

课程是学校教育的载体、学校文化内涵的重要内容，反映了学校文化的个性，课程的品质决定着学校的教育质量。因此，课程领导力是校长的核心素养、核心领导力，是"教育家办教育"的根本表征，是校长的课程思想和专业水准的集中体现，也是校长学校管理能力的集中体现和校长专业发展的重要标志。课程领导力体现校长的领导素养和领导智慧，更是学校内涵发展的核心竞争力。

二、提升校长课程领导力的意义

（一）是深化课程改革的必然要求

随着课程改革的深入推进，迫切需要学校创造性地落实课程改革的系列要求，把握好课程计划的要求与课程校本化实施之间的关系，在减轻学生课业负担的同时，提高教学质量，科学评价课程及其实施成效等。

（二）是学校内涵发展的客观需要

课程是学校内涵发展的核心领域。学校要通过课程建设与特色培育、队伍建设、文化建设等的有机融合，加强学校内涵建设，体现"以人为本"的教育思想。

（三）是促进教师及管理者专业发展的现实需求

在加强课程领导、深化课程改革的实践过程中，提升校长驾驭课程改革的能力、教师把握教学实践的能力、优化课程与教学专业人员的工作机制、不断提高教师的专业水平，是持续推进课程改革的重要保证。

三、校长课程领导力的内容

（一）课程价值的理解力

课程价值的理解力是学校课程建设的"指南针"。校长应根据党和国家教育方针、政策和经济社会的发展趋势，积极建构独特的、个性化的课程价值取向，并有效转化为校内全体教育者的共识，促进全体教师对课程价值的理解和内化。

（二）课程内容的研发力

课程内容的研发力是学校课程建设的内核。校长应从学校的办学思想、教育特色以及学校的课程研究能力出发，主动创新，带领教师研发国家、地方和学校三级课程的教育教学资源，使课程研发成为教师和学生共同成长的推动力。

（三）课程实施的组织力

课程实施的组织力是校长课程领导力的重要表征。校长应成为课程实施的引领者、组织者，为新课标在本校的落地生根营造一个宽松的环境，为教师营造一个改革的环境，为学生营造一个和谐发展的环境。

（四）课程文化的构建力

课程文化的构建力是校长课程领导力的归宿和落脚点。学校课程的有效实施必须以文化建设为终极目标。校长要对学校文化进行研究，构建起适合学校发展、学生自主成长的特色课程文化体系。

（五）课程评价的指引力

课程评价的指引力是校长课程领导力的根本保障，对课程实施起着导向、激励和监控作用。强化校长领导新课程的意识，需要校长建立有效的制度（包括激励机制）及评估体系，让新课改的推进具备最可行的"保护伞"。

四、提升校长课程领导力的有效策略

提升校长的课程领导力，需要找到科学、适合的实施途径。校长要把握好课程改革的方向，准确构建学校各类课程的结构，重视课程实施过程中的教学价值观，善于总结一切有用有效的方法，促使课程建设能够有力支撑学校的特色发展。

（一）把握新课程理念的内涵

《基础教育课程改革纲要（试行）》中，对"三级课程"做出了如下表述："改变课程管理过于集中的状况，实行国家、地方、学校三级课程管理。"为此，校长要带领教师落实"三级"课程建设，矢志不渝地强化国家的课程，坚定不移地完善地方的课程，坚持不懈地优化校本课程。

（二）提升校长的课程领导素养

新时代校长要做好课程规划，建立美好愿景，那就是体现国家意志（政治素养），紧跟时代步伐（发展眼光），切合学校实际（实事求是），满足发展需求（指向学生）。

1. 引导教师参与规划，激发热情

对学校课程的规划，校长是主导、总设计师（顶层规划），教师是主体（研发者、实际决策者），学生是主人（实践的参与者、体验者）。校长要引导师生广泛参与、全程参与、热情参与课程建设。

2. 帮助教师参与研发，激发兴趣

帮助教师参与课程研发、实施研究的过程，就是不断丰富课程意识、积累教学改革经验的过程。而经验的不断变化重组，就是教师发展的具体表现。通过教师的参与研发，激发他们对课程研发的兴趣。

3. 指导教师探究实践，激发自主

在课程研发过程中，校长要正确指导教师结合本地实际，参与课程的探究实践，积极倡导教师大胆尝试，并亲自和教师投入教学实践，扩宽实践范围，加大课程研发的深度，增强教师参与课程实践研究的体验。

4. 引领教师勇于创造，激活潜能

校长要引领教师勇于创造，重点对课程问题进行"诊断"，用新课改的价值理念去判断并改革现行的教育管理和课堂教学管理模式中不合理的部分，把课程设计、研究性学习、项目性学习等概念和方法渗透到教育教学管理的各个方面，激活教师的创造潜能。

（三）对课程教学进行深入研究

教学过程，即课程转换过程，再好的课程无教师扎实地教学实施，都等于零。课堂是新课程实施的主阵地和着眼点，校长必须把握教学本质，全面融入课堂，在实践中发现问题、研究问题和解决问题。

后疫情时代，校长要不断探索、尝试，积极转换教学思路和方法，把原来基于教室的线下教学与基于互联网的线上教学相融合，使教学内容更加丰富多彩，教学形式更加灵活多样，实践性、实效性更强。

（四）建构学校课程研发的教师共同体

校长在课程领导的实践中，充分发挥教师在创建学校高品质课程中的价值。校长的课程领导力提升的一个重要方面就是努力构建学校课程研发的教师共同体。校长要在提升自身专业素养的同时，带领学校的教研团队创造性地践行新课改，以此提升教师的课程意识和专业素养。

1. 引导自主

合格的教师一定是自由的人，充满专业精神的人，而懈怠的人、倦怠的人，被各种细化的制度严格控制的人，很难去创造性地研发课程、实施课程、培育素养。校长要激发唤醒和鼓舞教师自主参与到学校的课程建设中来。

2. 搭建平台

校长要把教师推向课程研发前沿，发挥其独特作用，使其课程研发的潜能得以显现、发展。教师的主动参与能促进课程研发与教师发展的良性互动循环，即在课程研发中获得教师专业发展之效，而教师的发展又促进课程研发之果。

3. 创造机会

校长为教师提供提升自身创造能力的机会，让教师通过实际参与课程研发的过程，提升教师在专业活动中的意义和价值，带给教师实现主体价值的体验。校本课程研发是一个持续的、动态的、逐步完善的过程，也是教师不断应对智慧、人格、能力挑战的过程。

4. 提供支撑

校长要为学校课程研发提供物资保障、专业支撑、人力支持、制度激励，从而有效推进课程建设。

（五）推进学校特色课程文化的发展

课程改革与学校文化建设相互依托、相互促进。《国家中长期教育改革和发展规划纲要》明确指出要"注重教育内涵发展，鼓励学校小出特色"。学校特色建设被提到了国家教育战略指导方针的高度，这是当前教育改革的重要指针。

课程改革对学校原有文化提出了挑战，为学校文化建设提供了契机。同时，学校文化是课程改革的载体，课程改革的根本依托于学校文化。校长要努力创新学校特色课程文化新途径、新方法，着力学校课程文化机制重建，积极培育课程文化特色，不断彰显学校办学特色，提升学校发展内涵。

达州市通川区第七小学以课程文化建设为中心，全面促进学校的特色发展，学校的课程体系为"1+6"模式。"1"：国家课程整合类，将现有国家课程整合为四个大类，即品德与健康，将品德与生活、品德与社会、体育、健康教育合并；语言与阅读，将语文与英语合并，实行双语教学；科学与技术，将数学、科学、信息技术、综合实践合并；艺术与审美，将音乐、美术、写字合并。

"6"：校本课程拓展类，以"七彩人生"为核心，设置六大课程群部落，即"七心"培育类课程、"七型"运动类课程、"七艺"培训类课程、"七能"开发类课程、"七习"养成类课程、"七思"科创类课程。近年来，学校构建的具有学校特色的"七彩文化"，走出了一条内涵式发展道路。

在这样一个极具变革的时代，课程关注学生、关注生活、关注社会、关注自然，成为学校与人生的纽带和桥梁。校长的课程领导力无疑是引领师生走向未来的引擎，是引领师生成就自我的指南，是激励师生追求幸福生活的力量。提升校长课程领导力，既是校长的一种选择，更是校长自我成长的一种机会。

提升校长领导力，科学引领学校高质量发展

我们正处在一个激荡的教育改革时代，每个人都被裹挟在改革的浪潮之中。教师和校长思考今日教育的起点，不再是"我们要给学生什么样的教育"，而是"我们要给学生什么样的人生"。

我们要办好人民满意的教育，全面贯彻党的教育方针，落实立德树人根本任务，培养德智体美劳全面发展的社会主义建设者和接班人，加快建设高质量教育体系，发展素质教育，促进教育公平。

陶行知说："校长是一所学校的灵魂。"因此，培育校长的高尚品格、教育情怀、人格魅力和校长领导力，对于校长的自我提升和办好人民满意教育，无疑是第一位的。校长领导力提升的研究就是对我们校长自己的追问，校长发展了，学校才会发展，校长和学校发展了，每一位学生的生命成长与自我完善才能实现，儿童的健康、快乐、幸福的发展才能成为可能。

作为新时代的校长，我们必须深刻认识到校长领导力提升对学校发展的重要性和必要性，每位校长必须努力提升自身的领导力，做党和人民满意的有崇高教育理想、有深厚教育情怀、有独立办学思想、有不懈进取精神的"四有"好校长，促进学校的改革与发展，助推学校高质量发展。

一、教育精神的感召力

我们信仰：学校是我们精神的家园，学生是学校的主体，校长是教师的伙伴。校长应当具有春风化雨的态度、思维缜密的头脑、匠心独运的创意、坚持不懈的韧劲、敢于牺牲的精神、敬畏生命的情怀。校长的治校应是认真的、乐意的、经济的、敏捷的、有方法的、系统的。

学校即梦。重视发现每个师生的闪光点，努力创造让每个人绽放精彩的机会，相信这样的绽放就能创造人生的精彩，缔造人生的幸福。

一个好的校长就像一架功能强大的望远镜，通过他，师生可以看到更远的、更精彩的外部世界；同时，好校长又像显微镜，在他的引领下，师生可以更深入

地观察自己的内心，发现自己身上从前被忽略和掩盖的光芒，将一个人全面发展的可能性扩展到最大限度。重视发现每个师生的闪光点，努力创造让每个人绽放精彩的机会，相信这样的绽放就能创造人生的精彩，缔造人生的幸福。

对于校长而言，感召力是吸引、感染教职员工，使教职员工听从召唤的能力，是校长通过提升自身的学识水平、思想境界和品德修养，形成的一种独特的人格魅力。校长有无感召力，取决于校长能否以身作则。校长想拥有感召力，就要做到不谋私利，平等待人，要多让群众讲话，不搞"一言堂"，宽宏大度，不抱成见，听到反对意见，应当"闻过则喜"。

二、办学思想的践行力

办学思想，即学校文化灵魂，通过共享经验而创建。校长要把自己的文化假设具体地外化，并将其逐渐地、持续地融入使命、目标、结构和团体的工作环节中，实现文化突破，文化提升，文化创新。

当一名好校长，需要站在社会发展的前沿，以更宽的眼界、更宽的思路、更宽的胸襟考虑问题，以先进的理念立校，以超前的思维建校，以发展的眼光谋划学校的未来。校长只有具备了大视野和大格局，能够跳出本系统、本地区的圈子来看待学校的建设，才能将学校文化做大做强，才能产生核心文化的影响和效应，才能引导学校成为强校和特色学校。校长要立足立德树人的高度，要有合规律性思考的深度，要合道德性情怀的宽度。

校训作为广大师生共同遵守的基本行为准则，是校园文化的重要内容，是办学理念高度浓缩和集中的体现，更是一所学校的核心名片。比如，达州市高级中学培文学校（简称"达州高中"）的校训："追天追人追真理"的形成过程，"达州高中"作为百年老校，其在办学史上对区域教育有过浓墨重彩的贡献。通过查阅校史、梳理文化脉络，在契合学校文化底蕴的基础上，兼顾独特性和辨识度，对近代著名经学家、达州高中首任校长廖平的学术思想进行了挖掘和继承，终形成达州高中校训。"追天追人追真理"是后人对达州高中首任校长、近代经学大师廖平的评价，也是廖平一生学术追求的真实写照。达州高中当前处于发展的瓶颈期，绝地逢生之际，唯有不停"追赶"才能重振辉煌，焕发荣光。重拾首任校长廖平老先生在治学路上的"追赶"精神，既是当前形势的迫切需求，也是师生奋发图强、追赶时代脚步的长远发展需要。

身处一所学校，感到一所学校的独特之处，那是因为你感受到了这所学校的文化。一名出色的校长，应把学校文化建设作为一项事业去经营，作为一种日常工作常抓不懈，把自己的办学理念变成可操作的具体措施，一点一点地渗透进学校的各项制度和规范中，日复一日地渗透进师生的言行举止和价值取向中，并最终转化为师生的自觉行动。

三、科学治校的管理力

校长科学治校的综合能力决定着学校的教育质量和办学效益。科学治校的管理是学校的立校之本，提高质量是学校科学发展的必由之路。在信息化2.0时代，在挑战和机遇面前，校长尽快具备能够面向世界、面向现代化的综合治校能力，是学校赢得发展的根本性保障。

学校只有依法规范办学，科学精细管理，坚持以人为本，才能深化素质教育，做到教与学和谐相生，教师敬业奉献，学生个性张扬，充分调动广大教职工教书育人、服务育人、管理育人的积极性，努力提高教育教学质量和办学水平。

第一，制度规范是科学治校的基石。学校要有规范的管理制度，对师生的每一种行为做出明确的指引，用制度规范人，用制度激励。用政策制度调动教师工作的热情，张扬积极上进、敬业奉献的精神，凝聚了教师团队的创业精神和精品意识，有效地促进教育教学质量的提高。

第二，依法治校是学校管理的原则。习近平总书记指出："用法治思维和法治方式解决矛盾和问题。"学校要有规范的管理制度，对师生的每一种行为做出明确的指引，在教与学的实践中自觉守法用法，充分发挥法治在促进、保障学校和谐发展中的重要作用。学校要以法律法规为准绳，规范办学行为，遵循教育规律，全面实施素质教育，办人民满意的教育，育社会需要的人才。

第三，注重细节是管理成败的关键。"学校无小事，事事皆教育。"从细微处入手，让每一件"小事"都成为教育学生和促进教师发展的有效载体。精细化管理要注重细节，把小事做细，要想比别人更优秀，只有在每一种常规小事上下功夫。以"细化的常规管理"检测质量是学校管理中一向奉行的原则。

第四，落实以"人本为本"，关注教师发展。在学校管理过程中，常会遇到一些"合理不合法，合法不合情"的问题，处理这些问题，就要讲究艺术，通过情感的交流，把关怀、帮助、信任、支持等输送到教师的心田。

第五，发扬民主，以心换心。让师生怀着良好的心态参与学校的教学和管理，充分发挥教师参与管理和教代会的民主监督职能，在学校重大问题上，集体讨论，民主决策。学校要用感情打动人，与教师产生亲切感，才能使工作对教师有吸引力，教师对学校有归属感，学校的凝聚力才更强。学校管理人员要树立起"服务就是管理"的理念，只有树立服务教师、服务教学一线的理念，才能做到播种感情，收获效益。

四、课程建设的规划力

校长的课程建设规划力是指以校长为核心的学校领导团队在明确的课程思想指导下，通过制定和实施学校课程规划，调控课程管理行为，实施课程目标，全面提高教育质量的能力，即校长在实践中综合运用各类课程资源与灵活实施各类领导而产生的课程改革精神落实的校本推进力。

校长对课程的规划建设是影响学校课程改革与实践的关键性因素，校长的专业素养影响到课程领导的实施，校长对课程建设的规划影响着学校课程能否有效达成。

校长需结合学校实际，从提升课程领导力的五个维度（理解力、开发力、执行力、评估力、文化力）出发，加强对课程意识、课程规划、课程评价等方面的实践探索，从而让学校的课程建设真正促进并实现学生与教师的共同成长与发展。

校长课程领导力提升的四大实践策略：一是更新思想观念，增强课程领导意识。提升校长课程领导力，首先应唤醒、增强校长的课程领导意识，在观念上有所突破和转变，充分意识到课程领导的重要性与必要性，引领全校师生员工形成课程改革的教育自觉，进而达成高品质的课程。二是促进专业成长，丰富课程领导知识。课程领导是一个专业不断成长的过程。校长唯有持续不断地学习和成长，才能增强课程领导意识，丰富课程领导知识，从而提升课程领导力。三是落实赋权增能，提高课程执行能力。所谓赋权增能，主要是指赋予校长课程决策的权力和增强课程执行的能力。传统校长领导主要关注技术、人和教育力量，现代课程领导更加重视象征和文化力量，试图通过改变学校文化来提高校长的课程执行力。四是积累实践智慧，改善课程领导作为。校长的实践智慧是学校课程领导成败的关键。校长的课程建设规划必须立足于实践，并不断积累实践智慧，成为有效的课程领导者。

五、特色活动的策划力

对特色活动的策划是集思维活动、研究活动和组织实施、反馈评估于一体的系统工程。对特色活动的科学策划方法，可以帮助校长提高学习能力、调查研究能力、组织协调能力、评估反馈能力、谋划创新能力等能力。

理性科学的策划可以保证活动的顺利进行，对提升学校办学品质、对外宣传学校有着举足轻重的作用。一个成功的特色活动策划主要有以下几层含义：①一个成功的特色活动策划是与学校办学理念一脉相承的，是联系学校的过去、现在和未来的，不仅关注策划"事"本身，更要通过策划传递先进教育理念，体现"育人为本",关注师生发展。②一个成功的特色活动策划是切实解决问题的,不是形式主义,摆花架子。③一个成功的特色活动策划是以调研为基础的,只有深入、细致的调研才能使活动策划的目的性更明确。④一个成功的特色活动策划是体现团队智慧的,是相关人员积极热情、深度参与的活动。⑤一个成功的特色活动策划是能够引发人们联想的,是能够延展出新的活动策划思路的起点。⑥一个成功的特色活动策划是有新意的,既可以体现在形式上,也可以体现在内容上,只有创新才能吸引人、激发参与者的兴趣,达到策划的目的。

校长如何提高特色活动的策划力?一是学习——勤奋刻苦厚底气。活动的策划,校长首先要有自己的思想,那么思想从何而来?思想首先要从学习中来。二是洞察——脚踏实地炼灵气。敏锐的洞察力是校长必备的关键性素质,是办学水平高低的重要标志,也是校长及学校各部门特色活动有效策划的前提和关键。三是思考——理性思辨凝精气。教师的特质是思考,是批判,是创造。思考能够提升校长的敏锐的感知力与专业判断力,从而指导学校各部门在随波逐流的时势中策划出独树一帜的特色活动。四是创新——敢为人先显豪气。校长应具有创新精神和创造力,要与时俱进,不断探索教育工作的新思路、新方法,应不因循守旧,不墨守成规,并引导学校班子成员及各部门转变观念,开拓进取、刻苦钻研,创造性地学习,创造性地思考,创造性地开展工作。

六、队伍建设的组织力

学校要坚持以提升教师队伍整体素质为核心。2020年,我国初步实现教育现代化,教师队伍不仅在规模结构上,更是在水平质量上要适应更高的目标要求。因此,学校要坚持以促进教师专业发展为主题,教师专业化是当今国际教师职业发展的重要趋势。

校长要不断反思和重建"自我的宇宙",阅读和研究孩子的"宇宙",内修四大"素养":思维力、创造力、表达力、沟通力。胸有三种情怀:教育情怀(热爱职业)、人文情怀(善良、宽容、敬畏)、家国情怀(兼爱、兼济)。校长要带领学校全体教师实现四大转变:由教学者变为导学者,由"教人"转换为"育人",由"教学者"转变为"学习者",由教书的"匠人"转变为富于理性的"思想者"具体要做好以下几个方面。

一是营造组织文化,提升发展动机。首先,利用象征领导力明确学校组织的价值取向;其次,营造充满人文气息的学习型组织文化。

二是打通人际脉络,深化人格影响。首先,校长应打通学校和教师发展所必需的各种关系,争取外部政策支持和社会捐助,广泛招揽吸纳资源,增加教师对组织的归属感和责任感；其次，在教育教学工作方面，校长应充分发挥人际领导力，对教师乃至学校管理人员的人格特征、专业知识和技能进行更加深入的了解，从而在学校的岗位设置和人员安排上做到知人善任；最后，校长个人道德的展示对彰师专业道德提升有示范作用，校长需要以身作则地凭借个人修养和敬业精神去影响教师的专业道德和情感。

三是建立培养机制，健全制度体系。首先，建立教师研修制度和培训机制。校长采用校长指导、实践反思、课例分析、学习交流、专题培训、研讨对话等形式，围绕校本研修的问题来领导教师，提高教师的专业知识和技能。学校要建立健全校本培训和学校培训机制，让更多的一线教师有机会参加到培训中来，还要积极组建更优良的培训队伍，以保证培训的质量。其次，改善考核机制，完善评价体系。校长在科学分析的基础上改善教师专业化水平考核评价体系，从而发现和反馈教师专业发展中存在的不足并及时进行修正。最后，保障制度与激励制度相结合。学校制定的保障制度和激励制度要使教师在无后顾之忧的前提下使自己的专业情感得到激发，专业道德得以升华，从而更加投入地去学习和实践，提高自身的专业知识和技能水平。

七、课堂改革的把控力

"双减"形势下，推进课堂教学改革已成为教育改革的主旋律和提高教学质量的主抓手。学校课堂教学改革是否能形成燎原之势，而不自生自灭，校长起着决定性的作用。面对这样重大而全新的改革，校长肩负着神圣的使命和重大的责任。校长的认识水平、思想观念、意志品质和管理方法无不直接关系到学校课堂教学改革的成败。作为校长，我们就应成为推动学校课堂教学改革的决策者、组织者、参与者和实践者。

（一）校长应成为课堂教学改革的理念先知者

校长必须自觉领悟新课程理念，掌握新课程标准，全面而深刻地认识新课程改革的背景、目的、意义；不仅要注重自身的学习与提高，树立终身学习的意识，而且还要影响引导全体教职工自我充电，把提高自身素质的学习转化为内在的需求，使之成为自觉行为；要打破以往的思维方法，在先进的思想和理论指导下，大胆尝试，不怕困难，善于总结经验教训，逐步走出一条符合本校实际的改革之路。

（二）校长应成为课堂教学改革的目标设计者

苏霍姆林斯基认为：校长对学校的领导首先应该是教育思想的领导。作为校长，我们应该立足当前，放眼未来，认真思索，在推进课堂教学改革的过程中，要直面校情，在反复调研的基础上，根据学校学生的学习状况、教师的教学状况，学生的成长需要及教学条件、外部环境等设计好学校的改革目标；要广泛博采众家教改理论之长，汲取各校教改的精华，构建好学校课堂教学改革的新模式；针对学校实际，努力在课堂教学改革中形成风格，形成特色，形成品牌。

（三）校长应成为课堂教学改革的过程研究者

在推进课堂教学改革的过程中，一定会遇到许多困难和挫折，这就要求我们校长应成为改革的研究者，不断思考研究改革中出现的新情况、新问题；要站在现代教育的高度，全面反思传统课堂的弊端，思考如何建立适应教学改革的学校管理机制，思考如何全面而扎实有效地推进课堂教学改革，思考如何建立一支适应改革的教师队伍，思考如何创造出更鲜明的办学特色。

（四）校长应成为课堂教学改革的关系协调者

推进课堂教学改革，需要不同部门和人员的分工协作。教学改革是一项牵动学校全员和社区、家长的工作。校长必须充分发挥整体的合力效应，以保证所有的力量都为改革的顺利实施服务。

（五）校长应成为课堂教学改革的具体实践者

校长在课堂教学改革中，不仅是管理者，更是参与者和实践者，因此校长必须及时转换角色，在教学改革中必须与教师一起去发现、分析、解决问题。新课程倡导教师的个性化教学，倡导教学方法的百花齐放，倡导学生的自主学习和发展，作为校长，我们要多参与教学实践活动，与课改同步，与师生同行。

（六）校长应成为课改中教师专业成长的引导者

推进课堂教学改革的主要实践者是教师，校长要营造教师成长的氛围，要把推动课堂教学改革与教师的成长联系起来，努力创设教师实现自我价值的氛围，努力构建教学改革的自我展示平台，促进教师成长。

（七）校长应成为课改中学生自主发展的服务者

一切为了学生的发展，一切适应学生的发展，一切促进学生的发展这是课堂教学改革的出发点和落脚点，作为校长，我们要为学生自主发展积极创造条件。一是要创造理想的学习环境，不断加强校园文化建设。二是要创造民主平等、和谐健康的人际环境。三是要创造积极向上的学习氛围，给学生创设更多的自主学习、合作学习与探究学习的时间与空间。四是要改变评价体制。

八、博采众长的学习力

美国著名管理学家彼得·圣吉说过："未来唯一持久的优势，就是你有能力比你的竞争对手学习得更快。"校长应把提升学习力作为提高各种能力的首要任务。学习力是人们获取知识、分享知识、运用知识和创造知识的能力。校长只有多思好学，善思勤学，并注重在解决实际问题过程中提高自己的学习能力，才能在未来竞争中取胜。

未来已来，今天说未来的时候，或许明天就是未来。高超的思维力、高新的创造力、高强的人格力是未来学生、人才的重要特质，

30年后人工智能超越人类，或无人幸免被淘汰。互联网正在迅速改变学校教育的形态，教育一定不会消亡，但极有可能作为实体的"学校"，会逐渐被"虚置"。人工智能快速发展，人机共为中心的时代已然款款走来。人工智能也正在或者即将改变人类的学习形态，假如人机并存是一个难以回避的未来事实，那么人类向人工智能学习，学习它们的"学习"。未来一定是泛在学习：人人，时时，处处。

作为校长，我们必须不断地学习，要对现代领导科学、管理科学、教育科学、教育政策法规知识以及校长学、管理哲学、教育科研方法等课程进行深入学习和把握，建立起广博的知识结构体系，这样才能在教育改革的大潮中有所作为，才能面向未来，领先时代，才能不断提升领导水平。

其一，校长要有广博的文化基础知识、精深的专业知识，具有继承与创新相结合的改革意识，具有宏观决策与微观管理结合的领导艺术，大胆创新与慎重操作的政策水平，以及纵向沟通与横向联系的社交能力。

其二，校长要有较高的教育理论修养。一位合格的校长应是教育专家，要善于在实践中探索、研究与总结，精通教育科学，掌握教育规律，能联系实际提出自己的见解和治校方略，所以校长应不断地加强学习、更新知识，不断地充实、完善自己。

九、旁征博引的表达力

马克思说，语言是思想的物质外壳。在如今网络互联、传输极速的信息化2.0时代，表达力仍是校长领导魅力不可或缺的有机组成部分。对于优秀校长特别是教育家型校长而言，表达实际是一种创造，是其思想的翅膀，灵动、成熟的表达，与灵动的"思维"、坚守的"创造"，以及言说者的精神风貌和文化品格密切相关，根本在于其教育思想的根深叶茂、博大精深。

校长对教育、办学思想的理解的不同，关键就在于，思维品格、理性层次、尤其是语言能力，较大程度上制约了理念凝练的水平。卓越的表达力如春风化雨，或如重锤响鼓，可以深度感染和激励团队成员积极探索和改革，践行教育理念和思想，实现教育目标和理想。

学校管理者的至高境界在于人格和领导力的逐渐成熟。我们作为现代教育家型校长，担当着引领和成就学校未来，辐射并影响区域教育进步，甚或示范和改变国家教育的某些领域等重大使命与责任，则必须有高超的语言表达功夫不可。对于教育家型校长而言，学校文化的表达可能应该是最为重要的表达。校长的教育理解、教育主张，校长的教育思想、教育理想，几乎都可以从各类文化标识、符号、理念、训词中体现出来。而且这些也是最为直接的影响、感染学校师生员工的教育元素，其中的优异者，常常可以留在很多学生和教师记忆深处一辈子。

表达应该有鲜明的教育特点和文化水准：①教育家型校长的表达应该高远而不失信实。这是由学校教育的本质特点决定的。教育是涵养人性、改善心智、提升素养、修炼精神的事业，确定教育核心价值，明晰学校发展目标，描述人才培养理想，自然需要站位高远以触摸星空，立志宏大以播惠山水。②教育家型校长的表达应该优美而不失质朴。表达的目的是要引领，是要说理，是要征服，是要感染和影响，是要鼓动和激励，这就决定了表达本身必须富于美感和魅力，于是"优美"便成为表达的外显特征。"言之无文，行而不远。"（《左传·襄公二十年》）③教育家型校长的表达应该凝练而不失澄明。表达是要别人接受的，校长的表达是要教师和学生接受的。接受的关键是记住、理解并逐渐认同。这就要求，其丰富的思想结晶为简明扼要的语言，短小精悍，却又明白晓畅。

修炼校长的表达艺术校长必须做到以下几个方面：①教育思想的厚重是核心。马克思说，语言是思想的物质外壳。任何一种形式的表达都是生命个体情感和思想的外显。所以，优秀的表达一定是源自优秀的思想。这就决定了优秀校长的优秀，其基本的前提是思想的优秀。表达问题其根本在于思想，在于教育思想的根深叶茂、博大精深。②教育人格的完善是关键。校长的言说之正，还应该契合自身的行为之正。知与行、说与做，是一枚硬币的两面，一个人的外与内，一个校长的神与形，是"合一"的，"统一"的。③教育实践的驾驭是基础。作为办学核心主体的校长，其所表达的内容主要是办学实践、教育教学生活。优秀的表达一定是源自表达者优秀的教育实践。④表达艺术的学习是路径。学校的文化表达、校长的教育言说，更多地表现为明理以服人、抒情以感人。口头的言说需要"感染"，形成鼓动人心的力量；书面的阐述需要条分缕析，丝丝入扣，产生震撼魂魄的效果；学校理念的昭示需要精粹凝练，"增一字则嫌长，减一字则嫌短"，只有这样才能发挥引领号令的作用。

21世纪的校长应该是：胸怀大志、充满激情和诗意的校长；自信、自强，不断挑战自我的校长；善于合作，具有人格魅力的校长；一个充满爱心，受人尊敬的校长；一个勤于学习，不断充实自我的校长；一个关注人类命运，具有社会责任感的坚韧、刚强的校长。

在教育高质量发展的道路上，我们校长要先人一步站上思想的高位，努力提升校长的九大领导力，高速引领教育质量提升，高效落实新时代教育诉求，以只争朝夕、时不我待的历史使命感和责任担当，奋力书写新时代学校教育高质量发展的绚丽篇章。

创建特色学校的理论思考与实践探索

——基于中小学的视角

自20世纪90年代以来，创建特色学校逐渐成为教育界的热门话题之一。众多的教育理论研究者从不同的视角出发，对特色学校的内涵、特征、价值、形成规律等进行了深入的探讨，取得了丰硕的理论研究成果。与此同时，众多的学校管理者也结合各自的办学实际和发展目标，对创建特色学校进行了积极的探索和实践，从而涌现出一批在国内具有一定影响力的"特色学校"，引领和推动了我国基础教育向纵深发展。当前，在全面贯彻落实党的十七大精神，深入开展素质教育的时代背景下，创建特色学校被赋予了更加丰富、更加深刻的内涵，迫切需要我们站在新高度、立足新起点、着眼新思维，以更加自觉的态度积极开展特色学校的创建工作。

一、创建特色学校的内涵解读

基本概念是正确思维的首要条件，如果对基本概念的内涵没有明确的认定，那么研究的尺度就难以确定，研究也就难以细致深入、切中要害。正如列宁所言："要进行论争，首先就要确切地阐明各个概念。"因而，我们要创建特色学校，首先就必须对什么是特色学校、特色学校有什么显著特征、特色学校有哪些形成规律等基本理论问题有比较清楚、准确的认识和把握。但就当前的实际情况来看，人们对特色学校的概念和内涵并没有形成比较统一的认识，以至于表述方式也是多种多样、不尽相同，与特色相关的概念更是多达二十几种，如办学特色、学校特色、教育特色、特色学校等，从而导致了人们在实践中出现偏差，影响了学校的发展。综合借鉴大多数学者的研究成果，我们认为：特色学校是指在全面贯彻落实党的教育方针的过程中，在长期的教育教学实践活动中，基于学校教育工作的整体或全局而形成的具有比较稳定的、明显区别于其他学校的独特品质或独特风貌，并能培养出具有特色的人才的学校。特色学校的形成，意味着一套文化模式的构建，一种组织精神的确立，一所学校个性风貌的形成。它要求办学者和管理者在长期的办学实践中对学校所具有的优势和所面临的问题不断扬弃、提炼、扩散和升华，使之产生质的飞跃，因而特色学校具有全面性、整体性、先进性和稳定性的特征。

但在实践中，人们对特色学校的认识还比较模糊，有一些人常常不自觉地把特色学校和学校特色混为一谈，甚至代替使用，这显然有失偏颇。事实上，特色学校不等于学校特色，我们趋向于把它们理解为同质而不同层次的两个概念。学校特色是就学校的局部而言的，是学校在某个方面形成和表现出来的特色，也就是习惯上所谓的特色项目或优势项目，如艺术教育、书法教育、英语教育、计算机教育等。而特色学校是就学校整体而言的，是以特色办学理念为核心，向学校各个方面辐射而形成的独特的整体风貌。当然，学校特色与特色学校也是有联系的，二者是个性与共性、局部与整体、发展与稳定的关系。一方面，学校特色是构成特色学校的基础和保障，特色学校是学校特色的发展和升华，没有学校的特色就不会有特色学校，而特色学校在更高层次上的整合，使这些孤立的特色成为彼此联系的整体，这就是特色学校。另一方面，学校特色可以而且应当发展为特色学校，这是一个"由点到面""以面促整体"和"以核心带动全局"，最终使学校全方位地反映出某种特色的复杂的、渐进的过程，需要学校全体教职工在教育教学实践中有意识、有目的、有计划地去培育和创建。目前，各地中小学的特色建设，大多数只是处于学校特色（优势项目）阶段，创建特色学校尤其是创建在全国范围内具有一定影响力的特色学校仍需广大教育工作者尤其是学校管理者继续努力、不断探索。

二、创建特色学校的现实价值

特色学校是新的历史条件下，社会发展对学校提出的新要求，也是学校自我生存与发展的基本趋势。创建特色学校不仅具有十分重要的理论意义，而且具有十分重要的现实价值。突出表现在以下三方面。

（一）创建特色学校是适应经济社会发展的迫切需要

经济和社会发展所需要的人力资源是多层次、多规格、全方位的，而作为受教育者的青少年学生身心发展水平又是千差万别的。当今，世界基础教育改革的主要趋势之一就是发展教育的民族特色、地方特色和学校个性特色，为青少年的全面发展和个性发展提供更为有利的环境和条件，为满足经济发展和社会发展的需要提供多层次、多规格、全方位的人力资源基础。随着中国加入WTO，社会经济的不断发展，对我国基础教育提出了新的要求，如何适应国际形势发展的需要，与世界经济、教育接轨，成了摆在基础教育工作者面前的重要议题。在此时代背景下，学校唯有不断创新，形成学校自身独特的办学特点，加强学校特色建设，才能适应经济社会发展对人才培养的现实需要，才能保证学校在竞争激烈的教育市场中永立不败之地。

（二）创建特色学校是全面推进素质教育的迫切需要

《中国教育改革和发展纲要》明确指出："中小学要由'应试教育'转向全面提高国民素质的轨道，面向全体学生，全面提高学生的思想道德、科学文化、劳动技能和身体心理素质，促进学生生动活泼地发展，办出各自的特色。"这既是基础教育领域的深刻变革，是提高国民素质、培养跨世纪人才的必然要求，同时，也指明了我国基础教育的办学方向，就是要在努力提高学生综合素质的同时办出学校特色，创建特色学校。事实上，只有实行素质教育，才能培养各种类型、各种层次的人才；只有办出学校特色，才能改变传统的"大一统"的教育模式下形成的"千校一貌""万人一面""万教一法"的局面。为此，各中小学必须立足学校所在地的政治、经济和文化背景，根据学校的办学定位和发展目标，结合学校的现有资源以及教师、学生的实际情况来规范和设计办学方案，通过创造性劳动的积累，逐步形成办学思想观念、价值规范上的特色，使学校走出"应试教育"的误区，全面提高教育教学质量，深层次推进素质教育。

（三）创建特色学校是加快学校自身发展的迫切需要

长期以来，我国实行的是国家集中计划、政府直接管理的基础教育办学体制。在政府独家办学的情况下，学校办学水平的高低、教育质量的优劣，并不影响学校的生存，因而学校和教师的生存危机感不强，争创特色的意识还有待提高。随着社会主义市场经济体制的确立，尤其是加入WTO后，我国基础教育的办学体制、投资体制、管理体制等发生了深刻的变革，办学体制出现了多元化，办学形式形成了多样化，各种私立学校、民办公助学校、公办民助学校的大量出现，带动和形成了基础教育竞争激烈的办学格局。在此背景下，各中小学要想进一步增强办学活力，提升办学实力，拓展生存和发展的空间，就必须走特色发展之路，以特色立校、以特色名校，从而扩大学校的社会影响力，增强学校的生源吸引力，提升学校的市场竞争力。

三、创建特色学校的实践路径

面对社会对基础教育的需求与期待，创建特色学校已成为大多数中小学持续发展的必然选择和有效途径。但特色学校的创建本身是一个复杂的系统工程，包含着诸多方面的内容和要求。因而，找准创建特色学校的实践路径显得尤其重要。笔者认为，当前主要应从以下几方面着手。

（一）要确立办学理念特色

办学理念是对办什么样的学校、怎样办学校以及主要培养什么样的人等基本问题的哲学思考，它决定了学校办学方向的选择、培养目标的确定、管理模式的构建。一所有特色的学校必定有自己鲜明的办学理念，它凝聚了这所学校的个性风格、文化品位和人才培养等特色。适合本校特点的鲜明的办学理念一经确立，就会成为全校师生共同追求的奋斗目标，学校就会因此而产生自我超越、追求特色的强烈愿望，学校的凝聚力、吸引力、向心力、感召力也必将得到大大增强。在目前我们的办学体制下，学校管理者尤其是校长，作为国家教育方针的贯彻者和执行者、学校集体的组织者和领导者、师生员工的教育者和指导者，对一所学校办学理念和办学模式的设计有着非常重要的影响。实践已经证明，一位校长如果没有明确的适合自己学校特点的教育思想和办学理念，学校的发展必将处于无序状态，创建特色学校自然就成为"空中楼阁"。从已成功创建特色学校的案例来看，它们的办学特色的形成不是随意的、偶然的，而是在校长的办学理念和教育思想中早已蕴含和预设了的，是特色办学理念指导下的办学实践的发展必须。因此，要创建特色学校，首先就要求学校的管理者尤其是校长的办学理念和教育思想要具有先进性、校本性、实践性。唯有如此，创建特色学校才会有理论、指导和方向的引领，才能避免在实践中出现偏差。

（二）要打造师资队伍特色

教师是办学的主力军，依靠教师办学既是学校管理的一条基本规律，也是教育实践的一项基本原则。邓小平同志曾明确指出："一个学校能不能为社会主义建设培养合格的人才，培养德智体全面发展，有社会主义觉悟的有文化的劳动者，关键在教师。"因此，要创建学校特色，我们还必须建设一支高素质的、有特长的教师队伍，否则创建工作就是一句空话。这就要求学校的管理者要对学校的全体教师的整体状况进行客观的分析和评定，不但要了解每一位教师的基本状况，如学历状况、学科背景、年龄结构等，而且要清楚每位教师的能力结构。基于特色学校创建的教师能力结构主要体现在四个方面：一是教师要能教好一门课，能占领好课堂主阵地；二是教师要有一项或多项特长，即要力争做到一专多能、多才多艺；三是教师要能开一门选修课，或带好一个课外兴趣小组，或指导一项课外活动；四是教师要善于发展自身的特长，在带领学生发展个性的同时，使自己的个性风格更加明显。同时，学校领导还要把培养个性化的特色教师摆上议事日程，纳入学校的发展规划，有计划、有步骤、有层次地培养学校特色教师，着力打造一支学历结构、职称结构、年龄结构、性别结构和能力结构合理的高素质教师队伍。

（三）要突出教育教学特色

教学是实现教育目标的主要途径，是学校的中心工作。一所学校要形成特色，其核心是要形成教学的特色，这不仅是学校实现培养特色学生的主要途径，更是学校特色形成的主要方面。因此，在创建特色学校的实践中，学校应高度重视教学特色的建设。一方面，要在深刻理解教学规律的基础上，结合学校自身条件和特点，大胆探索和创造，及时总结教师长期积累的课堂教学经验，并在此基础上提炼、升华，逐步形成具有本校特色的系统的教学思想。另一方面，要打破以课堂教学为唯一的形式，以传授书本知识为唯一内容的单一课程结构体系，以社会需要、学生发展和学科本身规律三者结合为基点，构筑起课内与课外、必修与选修相结合的课程结构，形成优化学科性课程、强化活动性课程及深化隐性课程三个并行的立体化的课程模式。同时，学校还要进一步开展学科特色建设。由于教学工作本身包含不同学科的教学，因而办学特色必然是不同的学科都要形成特色。而学科要形成特色，就必须把握学科建设的方向，把握学科的目标任务及教学策略，创造新的教学方法，追求最佳的教学效益。

（四）要培育教育科研特色

向教育科研要质量、要效益，是当前基础教育深化改革和发展的基本走向，也是创建特色学校的迫切要求。积极开展教育科研，认真研究探索教育自身的发展规律，从实际出发，按规律办事，是形成办学特色的重要途径。对广大中小学来说，要培育教育科研特色，一是要寻求科研机构的支持和合作。要依托各级科研机构，结合学校的办学实际，积极组织广大教师申报各类科研课题，并围绕教育教学和学校管理中出现的重点问题、难点问题和热点问题进行认真、细致的研究。这样既能弥补学校信息不通、接触面小、理论和科学研究方法缺乏等不利因素，还能推动学校教育科研的深入开展，有利于形成学校的科研特色。二是要寻求专家学者的指导和帮助。学校要在教育科研上形成特色，没有课题不行，但只有课题没有专家学者的理论支撑和方法指导也是不行的。由于多种因素的限制，大部分中小学教师的教育理论素质，特别是教育科学实验方面的理论素质较差，因而迫切需要专家学者的指导和帮助，以保证科研的质量。三是要寻求上级主管部门的认同和宣传。科研取得成果，学校形成特色后，上级主管部门能否予以认可，能否在一定范围内予以宣传推广至关重要。所以，在培育科研特色的实践中，学校还要争取主要部门领导的全程参与，及时汇报研究进展情况以及阶段成果，使学校的科研工作也成为主管部门共同参与的工作，如此，学校科研特色的培育才会有更强的生命力。

（五）要营造校园文化特色

校园文化是指以中小学校园为地理环境圈，以社会文化和习俗为背景，以学校管理者和全体师生员工组成的校园人为主体，在长期的学校教育、科研、学习、生活、管理过程中积淀和创造出来的，并为主体成员所认同和遵循的价值观念体系、行为规范准则和物化环境风貌的一种整合和结晶，表现为学校的"综合个性"。校园文化不仅影响和制约着主体成员的发展，而且还影响和制约着学校的公众信任度和社会美誉度。因此，创建特色学校，必须营造能够启迪学生心智的特色的校园文化氛围。校园文化从内部结构来分析，主要包括校园物质文化、行为文化和精神文化三个层面。因此，营造校园文化特色也应从这三个方面着手。具体来说，一是要重视校园物质文化建设。要着力于"校园建筑的结构布局""校舍内部的陈设布置"和"校园环境的绿化美化"等三个方面，通过精心规划、精心设计、精心施工、精心管理，营造良好的校园环境，充分发挥其潜移默化的育人功能，使人一走进校园就能感受其独特的魅力。二是要加强校园行为文化建设。校园行为文化是校园的"活文化"，是校园文化的晴雨表。它主要包括师生员工的各种行为方式，以及在此基础上形成的校风、教风、学风和处理人际关系、人事关系、校内外关系、传统与创新关系的习惯与风气。通过校园行为文化建设，要在师生员工中逐渐形成"八荣八耻"的社会主义道德观，构建文明、和谐、创新的校园文化。三是要突出校园精神文化建设。精神文化建设是校园文化最实质性和最根本性的组成部分，是校园文化所以存在的价值所在和意义所在。学校的优良传统、校训、校风和学风都属于校园精神的范畴。校园精神文化具有凝聚、激励、引导和辐射功能，一旦被师生共同接受就会成为引导他们追求理想、规范行为的无形力量。

（六）要构建内部管理特色

学校管理是学校领导按照一定的手段和方法对学校的人、财、物、时间、空间、信息等因素进行计划、组织、协调、控制，以便更好、更快地实现学校预定目标的活动过程。学校管理体制在很大程度上决定着学校创新能力的大小、学校发展水平的高低以及学校办学特色的突出程度。因此，在创建特色学校的实践中，我们还要在创新理念指导下，创造性地采用新的措施手段，对管理要素进行扩展更新和优化组合，以构建独具特色的内部管理模式，产生新的管理效果。具体来说，就是要创新管理理念，实现从"物本管理"向"人本管理"转变，从"封闭管理"向"开放管理"转变，从"命令管理"向"服务管理"转变；创新管理手段，以科学制定的制度作为组织协作行为的基本约束机制，主要依靠外在于个人的、科学合理的制度权威管理；创新管理目标，深刻认识时代发展的总趋势，把握基础教育发展的方向和道路，明晰学校自身的现状，从而适时确定学校发展的方向和道路，规划学校发展远景，制订可行的、可持续的学校发展计划；创新管理方法，管理者要根据教育自身的自然法则，把现代网络技术、可行性分析技术、全面质量管理技术等先进管理技术成果引入基础教育领域，并结合自身实际加以调整、改革和应用；创新管理过程，即在管理实践中要坚持依法管理、民主管理、动态管理和积极管理。如此，学校定能构建具有特色的学校内部管理模式，从而为创建特色学校奠定坚实基础。

参考文献：

［1］列宁.列宁全集：第23卷［M］.北京：人民出版社，1958.

［2］袁先澂.创建特色学校的思考［J］.理论月刊，2007（7）：106-108.

［3］吕忠堂.对创建特色学校若干关系的思考［J］.当代教育科学，2004（14）：43-44.

［4］王建华.学校特色建设的思考与探索［D］.长沙：湖南师范大学，2003.

［5］刘卫华.注重校本管理　创建特色学校［J］.人民教育，2002（11）29-30.

［6］邱建国.创建特色学校的条件分析［J］.现代中小学教育，2001（9）：1-2.

［7］陈向阳.营造校园文化　优化学校管理　创建特色学校［J］.玉林师范高等专科学校学报，2000（1）：102-105.

［8］唐华生.管理创新：新建本科院校核心竞争力提升的必然选择［J］.临沂师范学院学报，2007（4）17-20.

（本文发表于四川文理学院学报2008年第6期）

提高校长领导力之我见

近年来，随着教育改革与发展的逐步深入，校长领导力逐渐成为人们热议的一个话题。所谓校长的领导力，就是通过校长的带领、引导，使学校发生变化的速度和程度，其最终目标是实现学校、学生和教职工的健康发展。提高校长的领导力就是要研究校长如何通过自身的作用，使学校又好又快地变化和发展。

对于提高校长领导力，我认为主要是做好以下三方面的工作：一是提升和充实校长自身内涵；二是找准办事的最佳着力点；三是打造良好的校园文化。

一、提升校长自身内涵

提高校长的领导力，首先要解决一个校长自身内涵如何充实和提升的问题。人们通常一谈到校长领导力，首先想到的就是如何加强领导，如何对学校进行科学规范管理，这就忽略了领导者本身内涵的提升和充实，而我认为这是校长领导力之本。

校长的领导力一般包括两个方面：一是决策力；二是执行力。而其中核心要素则是思考力。从这个意义上说，没有进行比较深刻、周到的思维活动，就没有领导力。

由此可见，学校越要科学发展、又好又快发展，就越要注重领导的思考力。如果思维不合乎学校实际和事物的规律，学校就不可能建设好，校长的领导力就要大打折扣，学校的跨越发展就更谈不上。为此，提高思考力则是提高校长领导力的核心要素。作为一校之长，我们要把心用在学校、教师和学生身上，把工夫化在自身内涵的提高上，这就有了决策力；把手抓在主要问题的关键点上，把脚踏在本校坚实的土地上，把眼睛盯在持续发展的规律上，这就有了执行力。

除此之外，作为校长，我们还要耐得住寂寞，经得起挫折，受得了委屈，守得住成功。我曾经这样对自己说：感谢寂寞，寂寞恩赐我一次次磨炼的机会；感谢挫折，挫折成为我一级级攀登的台阶；感谢成功，成功赋予我一个个奋进的起点。所以有内涵才有领导力，内涵是领导力的基础，领导力是内涵的表现，没有内涵的领导力不会持久。

二、找准最佳着力点

学校工作千头万绪，在错综复杂中理出头绪，这是校长领导力中的关键能力。从理论上讲也是如此，任何看似错综复杂的现象，其背后都有逻辑可循，都有最佳着力点。

（一）把握方向，有序发展——有理想、有目标、有追求的校长才有领导力

把全校师生集合在一面旗帜之下，朝着同一个方向，向着同一个目标前进，这是感召之力。

校长首先要思考的是：学校的现状是什么？学校的发展定位是什么？教师如何专业发展？学生素质如何提高？所以校长的领导力，首先要用在对办学方向的把握、对办学目标的设定和对办学理想的追求上。

（二）健全制度，过硬执行——有准则、有规范、有操作的校长才有领导力

没有健全的规章制度，没有过硬的执行体制，学校将是一盘散沙，毫无凝聚力可言。校长最基本的一项任务，就是要把方方面面的资源开发出来，利用起来，凝聚起来，汇成一股力。大家都知道，健全的制度和良好的工作氛围，可以使坏人变好，反之，也可以让好人变坏。这是学校的一项基本建设，包括制度的科学和健全、执行过程的优化和有效。

（三）完善课程，提高质量——理念新、内容好、方法对的校长才有领导力

教学是学校的主要工作，也是校长的主要工作。一所学校的高质量，有特色，能延展，是核心竞争力。因此，完善课程，提高教学质量就成了检验校长办学的重要标准之一，自然也是校长领导力的主要体现和检验。

（四）注重研修，培育人才——使人人有力、个个出力、层层发力的校长才有领导力

只有当人人有力、个个出力、层层发力的时候，校长的领导才真正有力，这是内驱之力。

建设一支精良的干部和教师队伍是办好学校的根本。培育人才是校长的天职。校长对教师的服务，最重要的是专业发展的服务。因为专业发展，是校长和教师长远的、根本的立业之本。

（五）弘扬正气，提升形象——有正气、有形象、有声誉的校长才有领导力

一所学校的风气、氛围，是我们全体师生生存发展的生态环境，是学校得以持续发展的根本保证，这是文化之力。学校最终的竞争是文化力的竞争，当一所学校有正气、有形象、有声誉的时候，校长的领导才呈现出真正的实力。

三、打造良好的校园文化

文化就其实质而言是一种精神，高雅的校园文化是提升校长领导力的保证。当学校文化充溢整个校园时，就形成一种氛围，称为"文化场"。尽管它不可触摸，却是客观存在，浸润和濡染着在场中的每个人，这就是文化的影响力。学校文化建设包括很多方面。学校文化的核心是学校各群体所具有的思想观念和行为方式，其中最具决定作用的是思想观念，特别是价值观念。校长在培育、提升、促进学校先进文化中应着重以下两个方面。

（一）打造高尚的教师精神文化

面对当今社会各种利益的诱惑、多元思想的碰撞，教师尤其要有浩然之气，才能在知行统一中让我们的学生"亲其师，信其道"。教师要把读书当成你的第一精神需求，当成饥饿者的食物。教师要有读书的兴趣，要喜欢博览群书，要能在书本面前静坐下来，深入地思考。教师要成为阅读者，多一些书卷气，少一些烟酒味。教师要以饱满的热情和昂扬的精神态势投入教育教学工作，神采奕奕，充满激情。教师必须有一股敢为人先、锐意进取的锐气。校长做到了这些，才能打造出教师高尚的精神文化。

（二）多元评价我们的孩子

学校教育的责任最重要的一点就是把一个个自然人塑造成一个个有爱心、担责任的社会人。校长与教师要树立"人间有才，人无全才，扬长避短，人人成才"的人才观，不能用标准化的评价方式评价每一个学生，要包容学生的差异发展，最大限度地促进学生的特长个性发展。

我校对学生的多元评价就是"五星优秀少先队员"——有良好的学习习惯，成绩特别好的"学习之星"；在一定的时间段内和自己纵向比较，进步较大的"进步之星"；有良好的文明礼仪行为习惯和卫生习惯的"文明之星"；爱动脑动手，在科技小发明、机器人、国际数棋等方面优秀表现的"智慧之星"；有优秀的艺体特长，成绩特别显著的"艺体之星"。每学期有一半的学生因为他某方面表现优秀而受到表彰。让每一位学生都有被激励、被奖励的机会。不把荣誉集中在少数几个人身上，不把学生分成三六九等，使每一个学生身心都得到健康的发展，让每一朵花朵都能尽情绽放。

总之，校长自身内涵的提升，可称为蓄势而发，是势，有了势就能势不可当；找准办事的着力点，可称为聚焦集合，是合力，有了合力就能1+1＞2。在办人民满意的理想教育的实践中，校长必须与时俱进，不断创新，追求卓越，这样才能有效提升校长领导力。

（本文为四川省小学教育教学改革研究共同体会议交流资料）